マルタイ
公認

愛しの棒ラーメン

九州発の本格即席めん

オリジナルレシピ
60

山と溪谷社

もくじ

温かいめんのレシピ25

和えめん・つけめんのレシピ11

つけめん・冷やしめん・焼きそばのレシピ7 075

山ラーメンのレシピ12 093

マルタイ社員が考えたおすすめアレンジレシピ5

棒ラーメン大好き

調理時間
4分

マルタイラーメン ジ・オリジン

基本から始めよう。
ベーシックな棒ラーメンの調理法

愛しい、
恋しい、
変わらない味

調理道具

雪平鍋(18〜22㎝)

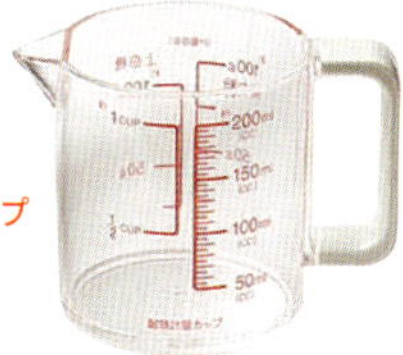
計量カップ

菜箸

材料

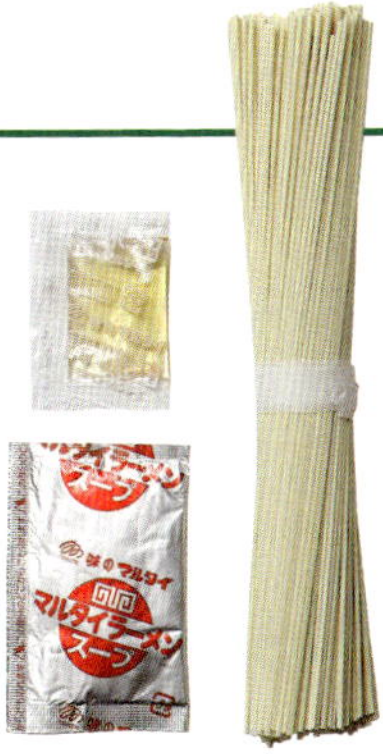

マルタイラーメン1人前
1袋に2人分が入っている

マルタイラーメン	…1束
粉末スープ	…1袋
調味油	…1袋
水	…450㎖
チャーシュー	…3枚
半熟の煮卵	…½個
メンマ	…4切れ
青ねぎ(小口切り)	…適量
白いりごま	…適量

青ねぎ
緑の色が濃く香り高い

チャーシュー
肉の部位や切り方など
好みのものを探して

白いりごま
風味と食感をアップ

メンマ
食感のアクセント

半熟の煮卵
市販品を使うのが手軽。
色がきれいになる

作り方

1. 鍋に湯450mℓを沸かし、めんを入れ(ⓐ・ⓑ)、3分ゆでて火を止める。
2. 粉末スープ1袋を加える(ⓒ)。
3. 調味油1袋を加えて軽くかき混ぜる(ⓓ)。
4. 器に盛り、チャーシュー(ⓔ)、煮卵、メンマ、青ねぎ、白ごまをちらす。

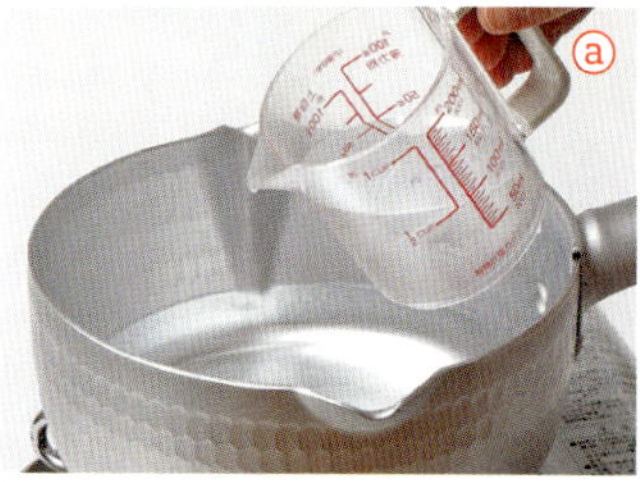

鍋に水を450mℓ入れて沸かす

沸騰したらめんを入れてほぐす

火を止めて粉末スープ1袋を入れる

調味油を入れると食欲をそそる香りが立つ

器に盛り、チャーシューなどの具をのせる

完成!

アドバイス

めんのゆで時間は2分30秒でも! 好みで微調整してください。

残りのスープは
ごはん＋薬味で味わい尽くせ

残ったスープにごはんと薬味を入れればクッパ風に楽しめます。
一杯のラーメンを味わい尽くしましょう。

辛子明太子＋高菜

スープに加えるごはん
は茶碗に半分ぐらい

薬味の組み合わせの例

ラー油＋桜えび＋パクチー

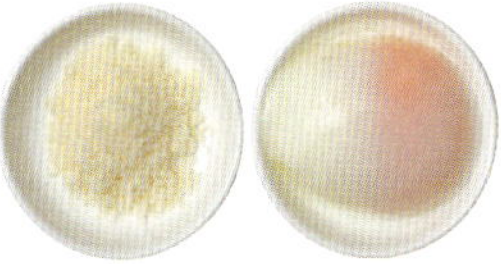

粉チーズ＋温泉卵

生もずく＋梅干し

韓国海苔＋キムチ

わさび＋のりの佃煮

本書について

この本は、一般に「棒ラーメン」と呼ばれる即席めんのうち、㈱マルタイが製造販売する「即席マルタイラーメン」をおもな食材として使用した、オリジナルのめん料理レシピ集です。

各メニューは基本的に1人分で（P088のラーメンチーズダッカルビを除く）、マルタイラーメンのめん1束、付属する粉末スープと調味油をすべてのメニューで使用します。メニューによっては粉末スープの分量を1人分（1袋）より少なめにしていますが、お好みによって量を加減し、味を調整してください。

なお、材料のうち、調味料などの大さじ1は15㎖（cc）、小さじ1は5㎖（cc）を目安としています。

5～10分程度の調理時間で簡単に作れるレシピを中心に紹介しました。

マルタイラーメン 1人分

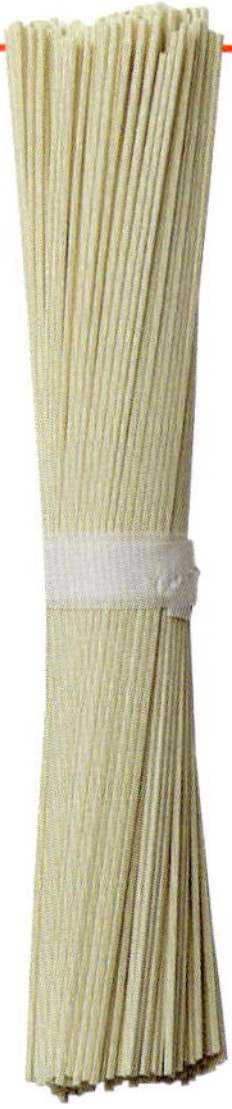
めん

調味油

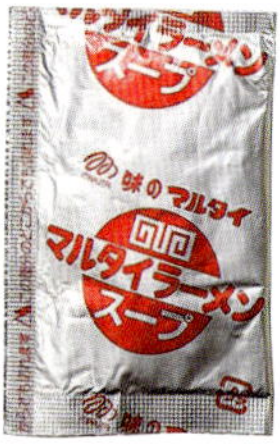

粉末スープ

標準栄養成分表　1食（82g）あたり

エネルギー	280kcal
たんぱく質	10.9g
脂質	2.6g
炭水化物	53.2g
ナトリウム	1644mg（めん：547mg、スープ：1097mg）
カリウム	910mg

参考値　調理後に分別して分析

	エネルギー	食塩相当量
めん	258kcal	1.4g
スープ	22kcal	2.8g
合計	280kcal	4.2g

アレルギー表

小麦	ごま	大豆
鶏肉	豚肉	ゼラチン

原材料名
めん（小麦粉、食塩、植物性たん白、還元水飴）、スープ（植物油脂、食塩、野菜粉末、粉末しょうゆ、ポークエキス、チキンエキス、たん白加水分解物、ぶどう糖、カツオエキス、香辛料、粉末味噌、酵母エキス、食物繊維）、調味料（無機塩等）、かんすい、カラメル色素、クチナシ色素、ポリグルタミン酸、甘味料（カンゾウ）、香料、酸化防止剤（ビタミンE）、（原材料の一部にごま、大豆、ゼラチンを含む）
*ポリグルタミン酸は納豆のネバ成分で味を調えるために使用

温かいめんのレシピ 25

めんをふぅっと吹いて、
アツアツのスープをすする。
ベーシックな温めんに
ひと工夫してみましょう。

調理時間 5分

コーンバターラーメン

材料

キャベツ……1枚（50g）
スイートコーン……60g
バター……10g
黒こしょう……少々

1 キャベツをざく切りにする。

2 鍋に湯450㎖を沸かして、1とスイートコーンを1分煮る（ⓐ）。

3 めんを加えて3分ゆで、火を止め、粉末スープ、調味油各1袋を加えて軽くかき混ぜる。

4 器に盛り、バターをのせて黒こしょうをふる。

ⓐ 先にキャベツとコーンを煮て甘みを引き出す

アドバイス

キャベツは大きさをそろえて切って食感を均一に。スイートコーンは先にゆでるとスープの温度が下がらず、よりおいしくなります。

キャベツの甘みがじんわり。王道のおいしさ

パンチのある
ナンプラーもやしが
食欲を刺激する

調理時間
5分

どっさりもやしとにらのガーリックラーメン

材料

もやし…100g
にら(4㎝に切る)…5本
ガーリックチップ(砕く)…3枚
ごま油…小さじ2
ナンプラー…小さじ2
赤唐辛子(輪切り)…適量
塩・黒こしょう…適量

1 鍋にごま油と赤唐辛子を入れて熱し、もやし、にらを炒め、ナンプラー、塩で調味して火を止める(ⓐ)。

2 鍋に湯450㎖を沸かし、めんを3分ゆでて火を止める。粉末スープ、調味油各1袋を加えて軽くかき混ぜ、器に盛る。1をのせ、黒こしょうをふり、ガーリックチップを散らす。

ⓐ うまみが凝縮したナンプラーで味つけする

アドバイス

もやしの量が多いので、ナンプラーでしっかり味つけをします。もやしから水分が出ないように手早く仕上げましょう。

調理時間
3分

クイック鶏そば

材料

サラダチキン……25g
クレソン（ざく切り）……適量
白髪ねぎ……適量

1 鍋に湯450㎖を沸かし、めんを3分ゆでて火を止める。粉末スープ、調味油各1袋を加えて軽くかき混ぜる。

2 器に盛り、薄切りにしたサラダチキン(ⓐ)、クレソン、白髪ねぎを添える。

ⓐ
サラダチキンを薄切りにするだけ

アドバイス

サラダチキンはプレーンのほか、ハーブ味を使ってもいいでしょう。クレソンは三つ葉に替えてもOKです。

サラダチキンを使うから食べたいときにすぐできる

あらく叩いた
長いもの
自然なとろみが
たまらない

調理時間
5分

たたきとろろラーメン

材料

長いも……80g
あおさのり……適量

1 皮をむいた長いもをポリ袋に入れ、あらく叩く（ⓐ）。

2 鍋に湯450㎖を沸かし、めんを3分ゆでで火を止める。粉末スープ、調味油各1袋を加えて軽くかき混ぜる。

3 器に盛り、とろろ、あおさのりをのせる。

長いもはポリ袋に入れ、めん棒などで叩く

アドバイス

長いもは、すりおろすよりも、あらめに叩いて食感に変化をつけたほうがおいしくなります。

土鍋キムチーズラーメン

調理時間 5分

材料

キムチ……60g
シュレッドチーズ……40g
青ねぎ(小口切り)……適量

1 土鍋に湯450㎖を沸かし、めんを2分30秒ゆで、粉末スープ、調味油各1袋を加えて軽くかき混ぜる。

2 チーズを加えて溶かし(ⓐ)、キムチをのせたら火を止め、青ねぎを散らす。

シュレッドチーズをたっぷり入れて

アドバイス

チーズが溶けにくい場合は、土鍋のふたをしてください。土鍋ではなく普通の鍋で作り、器に移してもOKです。

アツアツのたっぷりチーズでまろやか

豆乳の
まろやかさに
揚げ玉の食感が
うれしい

カリカリ揚げ玉入り豆乳ラーメン

調理時間 5分

材料

- 豆乳…100㎖
- 揚げ玉…大さじ3強
- ゆずこしょう…小さじ⅓
- 青ねぎ(小口切り)…適量

1. 鍋に湯350㎖を沸かし、めんを2分ゆでる。
2. 豆乳とゆずこしょうを加え(ⓐ)、弱火で1分煮て火を止め、粉末スープ1袋弱、調味油1袋を加えて軽くかき混ぜる。
3. 器に盛り、揚げ玉をのせて青ねぎを散らす。

ⓐ

ゆずこしょうをスープに混ぜ溶かす

アドバイス

ゆずこしょうの辛みが隠し味です。豆乳は分離しやすいので、煮立たせないように火加減に気をつけましょう。

調理時間
8分

鍋焼き風ラーメン

材料

- 卵……1個
- 生しいたけ……1枚
- かまぼこ……3切れ
- 青ねぎ（斜め細切り）……3本
- 揚げ玉……大さじ2
- スライス餅……3枚

1 土鍋に湯450㎖を沸かし、めん、しいたけを入れて2分煮て火を止める（ⓐ）。粉末スープ、調味油各1袋を加えて軽くかき混ぜる（ⓑ・ⓒ）。

2 スライス餅、青ねぎ、かまぼこ、揚げ玉をのせ、卵を割ってのせる（ⓓ）。

3 ふたをして火をつけ、卵が好みのかたさになるまで火を入れる。

ⓐ
めんと一緒にしいたけを煮る

ⓑ
火を止めて粉末スープを加える

ⓒ
調味油を加える

ⓓ
卵をそっと落とし入れる

アドバイス

3〜5秒でやわらかくなるスライス餅を常備しておくと便利です。卵はお好みのかたさに仕上げてください。

お酒の〆に！
あっさり
小鍋仕立て

調理時間 7分

豚しゃぶラーメン

材料

豚しゃぶしゃぶ肉……80g
水菜（長さ3cm）……15g
長ねぎ（斜め薄切り）……20g
ぽん酢……大さじ½

1 鍋に湯450mlを沸かし、煮立ってきたら豚しゃぶ肉をゆでてアクをとり（ⓐ）、長ねぎを加える。

2 めんを加えて3分煮て火を止め、粉末スープ、調味油各1袋を加えて軽くかき混ぜる（ⓑ・ⓒ）。

3 器に盛って水菜をのせ、ぽん酢をかける（ⓓ）。

ⓐ 肉から出るアクはすくいとる

ⓑ 豚肉と長ねぎをゆでた湯で、めんを煮る

ⓒ 粉末スープと調味油を加える

ⓓ 水菜をのせてぽん酢をかける

アドバイス

しゃぶしゃぶといえば、やっぱりぽん酢。最後のひとかけで、コクとさわやかな酸味が加わります。

肉も野菜も
食べられる
魅惑の一杯

調理時間
5分

鶏わさラーメン

材料

鶏ささみ肉（そぎ切り）…2本
練りわさび…2cm
あおさのり…適量

1 鍋に湯450mlを沸かし、めんと鶏ささみ肉を3分ゆでて火を止める（ⓐ）。

2 粉末スープと調味油各1袋を加えて軽くかき混ぜる。

3 器に盛り、あおさのり、練りわさびを添える。

ⓐ 鶏ささみのうまみをスープに生かす

アドバイス

鶏ささみ肉は薄めのそぎ切りにして、めんと一緒にゆでると手軽です。中までしっかり火を通してください。

わさびがきいた
おとなの
ラーメン

たっぷりわかめと高菜ラーメン

調理時間 7分

材料

生わかめ（適宜切る）…80g
長ねぎ（小口切り）…13cm
半熟の煮卵…1個
高菜漬け…大さじ1
ごま油…小さじ½
ラー油…適量

1 生わかめ、長ねぎ、ごま油を混ぜる（ⓐ）。

2 鍋に湯450㎖を沸かし、めんを3分ゆでる。粉末スープ、調味油各1袋を加えて軽くかき混ぜる。

3 器に盛り、1、半分に切った煮卵、高菜漬けを添え、ラー油をかける。

生わかめとねぎに、ごま油で風味づけをする

アドバイス

わかめの量が多いので、軽く温めてからめんに加えてもいいでしょう。

おぼろ豆腐ともずくのラーメン

調理時間 5分

材料

おぼろ豆腐	…100g
生もずく	…50g
チャーシュー	…1枚
なると	…2枚
紅しょうが	…適量

1 おぼろ豆腐は電子レンジ（600W）で50秒ほど加熱する。

2 鍋に湯450㎖を沸かし、めんを2分ゆで、粉末スープ、調味油各1袋を加えて軽くかき混ぜる。

3 もずくを加えて軽く温め（ⓐ）、器に盛り、**1**、チャーシュー、なると、紅しょうがを添える。

ⓐ

もずくはスープをからめるようにして温める

アドバイス

もずくは味のついていない生もずくが適しています。豆腐ももずくも温め、スープの温度を熱めにキープします。

もずくたっぷり！沖縄そばのようなやさしい味

あさりとブロッコリーのラーメン

調理時間 5分

材料

冷凍あさり …40g
ブロッコリー …3房
にんにく（薄切り） …1かけ

1. ブロッコリーは小房に切り分ける。
2. 鍋に湯450㎖を沸かし、冷凍あさり、ブロッコリー、にんにくを入れ（ⓐ）、沸騰したらめんを加えて3分ゆでる。
3. 粉末スープ、調味油各1袋を加えて軽くかき混ぜ、器に盛る。

あさりは凍ったままゆでてOK!

アドバイス

今回は生のブロッコリーを使いましたが、冷凍ブロッコリーを使うとさらに手軽です。

調理時間
8分

豚キムチラーメン

材料

豚薄切り肉	…80g
にら(3㎝に切る)	…5本
キムチ	…50g
塩・こしょう	…少々
ごま油	…大さじ½
白いりごま	…適量

1 フライパンにごま油を熱し、食べやすい大きさに切った豚肉を炒め、塩・こしょうをする。にらとキムチを加えて炒め(ⓐ)、火を止める。

2 鍋に湯450㎖を沸かし、めんを3分ゆでて火を止める。粉末スープ1袋弱、調味油1袋を加えて軽くかき混ぜ、器に盛り、1をのせて白ごまをふる。

キムチは軽く炒めてうまみアップ

アドバイス

キムチの塩分を考慮し、粉末スープの量を1袋弱としていますが、好みで加減してください。

マルタイラーメンの包容力が光る!

調理時間
10分

山椒の香りのカルビめん

材料

牛カルビ肉…150g
ピーマン（薄切り）…1個
赤パプリカ（薄切り）…½個
ごま油…小さじ1
焼き肉のタレ…大さじ1
あらびき山椒…適量
白すりごま…適量

1 フライパンにごま油を入れて火にかけ、牛カルビ肉を両面焼く(ⓐ)。ピーマン、赤パプリカを加えて炒め、焼き肉のタレで調味して火を止める。

2 鍋に湯450㎖を沸かし、めんを3分ゆでて火を止める。粉末スープ、調味油各1袋を加えて、軽くかき混ぜる。器に盛り、1をのせ、山椒と白ごまをふる。

牛カルビ肉は両面色よく焼く

アドバイス

挽きたての香りが楽しめるあらびき山椒がベストですが、ない場合は、粉山椒または一味唐辛子でもOKです。

調理時間
10分

酸っぱ辛うまラーメン

材料

豚バラ薄切り肉	…1枚(25g)
セロリ	…20g
長ねぎ	…⅓本(20g)
乾燥きくらげ	…2g
赤唐辛子(輪切り)	…適量
酢	…大さじ1
ラー油	…適量

1 水に浸してもどしたきくらげは(ⓐ)、石づきをとって一口大に切る。セロリ、長ねぎは斜め薄切りにする。

2 フライパンを熱し、油を引かずに豚肉を軽く焼き(ⓑ)、長ねぎ、セロリ、赤唐辛子を加えて炒め合わせる。

3 **2**のフライパンに湯450㎖を加えて沸かし、めんを3分煮る。火を止め、粉末スープ、調味油各1袋を加えて軽くかき混ぜる。

4 器に酢を入れて(ⓒ)、**3**を盛り、ひと混ぜしてラー油をたらす。

乾燥きくらげは15分ほど水に浸してもどす

器に酢を入れてからスープを注ぐ

豚肉は焼くことでおいしさアップ!

アドバイス

めんと具を別に作るより、具を炒めたフライパンで、めんをゆでて仕上げるほうが、味により深みが出ます。酢の量は好みで加減してください。

スープの熱で
酸味を
キリリと
際立たせる

調理時間
10分

イカげそセロリラーメン

材料

イカげそ（食べやすく切る）…1ぱい
セロリ（半割り・斜め薄切り）…10㎝
パクチー（葉をちぎった茎を4㎝のざく切り）…3本
にんにく（薄切り）…1かけ
サラダ油…小さじ1

1 フライパンにサラダ油、にんにくを入れて熱し、イカげそ、セロリ、パクチーの茎を軽く炒める（ⓐ～ⓓ）。

2 鍋に湯450㎖を沸かし、めんを2分ゆでる。粉末スープ、調味油各1袋を加えて軽くかき混ぜ、**2**を加えて温める。

3 器に盛り、パクチーの葉を添える。

にんにくの香りを引き出す

イカげそに油をからめながら炒める

セロリは、かためで炒めて食感を残す

香りが強いパクチーの茎を加える

アドバイス

パクチーの茎は葉より香りが強く、加熱調理向きです。余ったものは刻んで保存袋に入れて冷凍してください。

パクチーと
にんにくの香りで
ワンランク
アップ！

調理時間
15分

えのきとにらのコチュ豆乳めん

材料

えのき(細かく切る)	…50g
赤パプリカ(細かく切る)	…⅙個
にら(細かく切る)	…5本
A 豆乳	…200mℓ
水	…200mℓ
おろしにんにく	…小さじ½
コチュジャン	…小さじ1と½
豆板醤	…小さじ⅓

1 Aの材料、粉末スープと調味油各1袋を混ぜ合わせ、豆乳コチュジャンスープを作る(ⓐ)。

2 鍋に1とえのきと赤パプリカを入れて火にかけ、弱火で2〜3分煮てにらを加え、火を止める(ⓑ・ⓒ)。

3 鍋に湯450mℓを沸かし、めんを3分ゆでる。ざるにあげて水気をきり、器に盛って温めた2をかける(ⓓ)。

ⓐ Aの材料で豆乳コチュジャンスープを作る

ⓑ えのきと赤パプリカを煮る

ⓒ にらは最後に加えて彩りよく

ⓓ めんに熱いスープを注ぐ

アドバイス

豆乳は分離しやすいので、豆乳コチュジャンスープは、煮立たせないように火加減に気をつけましょう。

まろやかな
豆乳コチュジャン
スープに辛みを
きかせて

調理時間
7分

豚バラ豆苗ラーメン

材料

豚バラ薄切り肉(半分に切る)…60g
塩…少々
豆苗(ざく切り)…25g
白すりごま…適量
ラー油…適量

1 フライパンを熱し、油は引かずに塩をふった豚バラ肉を焼く。

2 1のフライパンに湯450mlを加えて沸騰したらめんを3分煮て、粉末スープと調味油各1袋を加えて軽くかき混ぜ、豆苗を加える(ⓐ)。

3 器に盛り、白ごまをふり、ラー油をかける。

ⓐ 豆苗は火を止める直前に加え、軽く熱を加える

アドバイス

豚バラ肉は塩で下味をつけることでおいしさアップ！豆苗はシャキシャキした歯ごたえを残すのがポイントです。

山盛りのすりごまが、ん〜、いい香り

調理時間 7分

えびと長ねぎのラーメン

材料

むきえび(背ワタを除く)	…60g
長ねぎ(斜め薄切り)	…15cm
半熟の煮卵(半分に切る)	…1個
しょうがせん切り	…3g
ごま油	…小さじ1
塩・こしょう	…少々

1 フライパンにごま油、しょうがを入れて火にかけ(a)、むきえび、長ねぎを軽く炒めて、塩・こしょうで調味する。

2 1に湯450mlを加えて沸騰したらめんを3分煮て火を止め、粉末スープと調味油各1袋を加えて軽くかき混ぜる。

3 器に盛り、煮卵を添える。

しょうがを炒めて香りをごま油に移す

アドバイス

香味野菜のしょうがと長ねぎを先に炒めて香りを出すと、スープの風味がいっそうよくなります。

調理時間 7分

ちゃんぽん風ラーメン

材料

冷凍シーフードミックス…100g
ミックス野菜…100g
かまぼこ…⅓本
牛乳…100㎖
ごま油…大さじ½
塩・こしょう…少々

1 フライパンにごま油を熱し、解凍したシーフードミックス、ミックス野菜、かまぼこを中火で炒め（ⓐ）、塩・こしょうをする。

2 **1**に湯350㎖加え、沸騰したらめんを2分煮る（ⓑ・ⓒ）。

3 **2**に牛乳を加えて（ⓓ）弱火で1分煮て火を止め、粉末スープと調味油各1袋を加えて（ⓔ）軽くかき混ぜる。

鍋でシーフードミックス、野菜、かまぼこを炒める

後で牛乳を加えるので、湯は規定量より少なめに

煮立ったら、めんを加えて2分煮る

牛乳を加えて1分煮る

付属の粉末スープと調味油を入れて仕上げる

アドバイス

野菜をたっぷり食べるためのラーメンです。かまぼこや、なるとなど、練り製品からもいいだしが出ます。

ミックス食材で
らくらく、
すぐできる

調理時間
7分

キャベツミルクラーメン

材料

キャベツ（ざく切り）…50g
薄切りベーコン（細切り）…1枚
トマト（1cm角）…¼個
バター…10g
牛乳…100mℓ
黒こしょう…適量

1. フライパンにバターを入れて熱し、キャベツとベーコンを弱火で炒める（ⓐ）。
2. 1に湯350mℓを加え、沸騰したらめんを2分ゆでて牛乳を加え、1分煮て火を止める（ⓑ・ⓒ・ⓓ）。
3. 粉末スープ、調味油各1袋を加えて軽くかき混ぜ、器に盛り、トマトを散らし、黒こしょうをふる。

バターで炒めることで風味がよくなる

湯350mℓを注ぎ入れる

具を炒めたフライパンでめんをゆでる

牛乳を加えたら、煮立たせないように注意

アドバイス

バターやミルクなど乳脂肪と相性のいいマルタイラーメン！ 散らしたフレッシュトマトがアクセントです。

刻んだ野菜と
ベーコン入りの
チャウダー風

調理時間 5分

コーンクリームたらこラーメン

材料

- 粒入りコーンクリーム …大さじ3
- 牛乳 …40㎖
- 玉ねぎ（みじん切り）…大さじ2
- たらこ …大さじ1弱

1. 鍋に湯350㎖を沸かし、めんを2分ゆでる（ⓐ）。コーンクリームと牛乳を加えて弱火にかけ、煮立つ前に火を止める（ⓑ・ⓒ）。
2. 粉末スープ、調味油各1袋を加えて軽くかき混ぜる。
3. 器に盛り、玉ねぎ、たらこをのせる。

少なめの湯で、先にめんをゆでる

2分したらコーンクリームと牛乳を加える

煮立たせないように気をつけながら温める

器に盛ったら、玉ねぎとたらこをのせる

アドバイス

牛乳とコーンクリームが入るので、少なめの湯でゆでて味のバランスをとります。

たらこを少しずつ
混ぜながら
味変を

調理時間 10分

トマトチリめん

材料

トマト水煮缶…200g
サラダチキン（さいの目切り）…20g
玉ねぎ（あらみじん切り）…¼個
にんにく（みじん切り）…½かけ
赤唐辛子（輪切り）…½本

オリーブ油…大さじ½
砂糖…ひとつまみ
チリパウダー…小さじ⅓～½
塩…少々
乾燥バジル…適量

1 トマト水煮缶に水200㎖を加えてよく混ぜる（ⓐ）。

2 フライパンにオリーブ油、にんにく、赤唐辛子を入れて玉ねぎを炒め（ⓑ）、1を加えて2分煮る。

3 粉末スープと調味油各1袋、砂糖、塩、チリパウダーを加えて混ぜ、火を止める（ⓒ）。

4 めんを3分ゆでて器に盛り、温めた2をかけ、サラダチキンをのせ、バジルをふる。

アドバイス

味の決め手になるチリパウダーは唐辛子、オレガノ、クミンなどが入ったミックススパイスです。

チリパウダーを加える

玉ねぎ、にんにく、赤唐辛子を炒めて香りを出す

トマト水煮缶に水を加えて混ぜる

ぽってり！
スパイシーな
トマトスープ

調理時間
7分

なめたけ豆腐かき玉ラーメン

材料

- 絹ごし豆腐（1・5㎝角）…100g
- 瓶詰めのなめたけ…大さじ2
- 卵…1個
- 水溶き片栗粉…［片栗粉大さじ½ 水大さじ1］
- 青ねぎ（小口切り）…適量

1. 卵は溶きほぐす（ⓐ）。
2. 鍋に450㎖の湯を沸かし、めんをゆで、1分したら豆腐となめたけを加え（ⓑ）、粉末スープ、調味油各1袋を加えて軽くかき混ぜる。
3. 水溶き片栗粉でとろみづけし（ⓒ）、再び火をつけ、1の卵液を加えて（ⓓ）、好みのかたさに仕上げ、器に盛り、青ねぎをふる。

手際よく仕上げられるよう卵を溶きほぐしておく

めんを1分ゆでたら、豆腐となめたけを入れる

水溶き片栗粉を加えることでスープにとろみがつく

溶き卵を回しかければ、かき玉のできあがり

アドバイス

豆腐は木綿より絹ごし豆腐を用いることで口当たりがなめらかに。瓶詰めのなめたけに塩分があるので、付属のスープは加減してください。

つるっと喉越し
なめらか、
腹の底から
力が出る！

調理時間 7分

ふわとろにら玉ラーメン

材料

卵…1個
にら(2㎝に切る)…3本
しょうゆ…小さじ½
サラダ油…小さじ1
黒こしょう…適量

1 卵を溶きほぐし、にらとしょうゆを加えて混ぜる(ⓐ・ⓑ)。

2 フライパンにサラダ油を強火で熱し、1を流し入れて大きく混ぜる(ⓒ)。

3 鍋に湯450㎖を沸かし、めんを3分ゆでて火を止める。粉末スープ、調味油各1袋を加えて軽くかき混ぜ、器に盛る。2をのせて黒こしょうをふる。

ⓐ 卵はしっかりと箸で溶きほぐす

ⓒ 強火のまま好みのかたさに一気に仕上げて

ⓑ にらとしょうゆを混ぜ合わせれば準備OK!

アドバイス

にら玉はかき混ぜすぎないほうがふんわりと仕上がります。卵の調理と同時進行でめんの準備ができるのが理想的です!

手際よくできたら
ちょっと
自慢したくなる

漫画家 久保ミツロウさん

本名・久保美津子。1975年長崎県佐世保市生まれ。1996年、女性誌で漫画家デビュー。おもな作品に『アゲイン!!』全12巻、『モテキ』全4.5巻（ともに講談社）などのほか、トーク・バラエティ番組『久保みねヒャダのこじらせナイト』（フジテレビ）や同『ライブ』、アニメ『ユーリ!!! on ICE』（日本テレビ）での原案など、多方面で活躍。

九州出身の人間からすると、マルタイ棒ラーメンには子どものころから慣れ親しんでいます。ファン、というよりは「そこにある」って感じです。家にあるのは当たり前で。

うちのお父さんがほとんど外食をしない人だったんです。自分でなにか作ったりするわけでもなく、晩ごはんの後にまたおなかが空いちゃうと、お母さんに「アレ、ちゃちゃっと作って」と夜食に棒ラーメンを出してもらっていました。ねぎと溶き卵を入れただけのラーメンで、その脇で「あたしもおなか空いた」と言って、小さいお椀に分けてもらって一緒に食べる…というのが、私の原風景と言えます。すごくよく思い出に残っているなあと。

それはこのポスター（左ページ）にも描いています。親が食べたくて作ったラーメンやちゃんぽんを、横から子どもが食べたいと言って分けてあげるというイメージです。寝る前の子どもにラーメン食べさせるのはよくないからと、親だけでこっそり食べようっていう空気感がラーメンにはあるなと思って描いたんです。

中学や高校の夏休みとか、家でゴロゴロしているときは、たまに自分で作っていました。料理を手伝ってなかったんで、親になにか教えてもらうことはなく、とりあえず溶き卵は入れる、ねぎは入れる。それ以上なにかを足した記憶はないです。

上京してからは、お母さんが九州の食べ物とかを段ボールに詰め、救援物資のように送ってくれました。棒ラーメンもよく入っていましたね。隙間に入れやすいんで。

漫画の仕事中とか、一人暮らしで家にごはんがないけれど外にも買いに行けないようなとき、貧しくひもじい夜を救ってくれたのがマルタイ棒ラーメンだったっていうのはあります。だいたい溶き卵とねぎだけは入れましたが、家にとうとう卵さえもなくなったときは、そぎ落として、そぎ落として…入れたのが〝ふりかけ〟だったんです。家にあったふりかけをふって食べたら

九州地方と京浜急行で掲出されているマルタイの車内吊り広告。
よく見ると子どもがパジャマで、髪に寝グセがついている

おいしかった。「あー、新しい！」って思ったんですよ。

「こんな夜を救ってくれてありがとう」みたいな気持ち、感謝の気持ちが、棒ラーメンを愛する根幹にあるような気がします。救ってくれた夜がたくさんあるな、マルタイ棒ラーメン。本当になにもなかったら、あの調味油とふりかけさえあれば食べられるなって。

ひもじい夜を救ってくれた棒ラーメン

棒ラーメン好きには「マルタイを愛す＝手を加えない」みたいな〝保守派〟が多いように思います。九州の男の保守的な感性とマルタイっていうのが同時に棲んでいるというか…。それで棒ラーメンの〝小洒落た食べ方〟というのが発展してこなかったんです。マルタイ棒ラーメンは自分のなかのネイティブなもので、慣れ親しんできた味ですが、人にどういうレシピをすすめるかというと、「〝保守的〟な食べ方しかしてこなかったなあ、どうしよう」というのがあって、難しいです…。

まあ、やっぱりテッパンの溶き卵じゃないですか。溶き卵に万能*ねぎ、ノット長ねぎですよ。そこによく焦がしてはじけた「アルトバイエルン」が2本のっていればそれでいい、みたいな。あるいは、かきたま風にして、お酢を足してスーラータンメン風にするとか。自分で焼きチャーシュー作れるようになったらそれをのせるとか。

ほんとは野菜も入れたらいいんでしょうけど、全然そう思わないんですよ。お母さんがもやしを入れて作ってくれ

仕事を終えて外に出る気力すらないときに「棒ラーメン×ふりかけ」を発明

たラーメンが好きじゃなくて。スープの味が薄くなっちゃうんですよね。野菜を入れないほうがおいしい。九州出身の友達夫婦に「旦那さんに棒ラーメン作ってあげる?」って聞いたら、「旦那が食べたがるから作ってあげるけど、必ず野菜足しちゃうね」と言っていて。それ聞いて、「絶対、旦那さんは子どものころ野菜入れて食べてないはずだよな」と思いつつ、食べてなかったって人は野菜足すんだろうなって思いました。もう大人になって、そろそろ過去の保守的な気持ちから解き放たれて、野菜ものせたほうがいいかなーとも…。

でも、マルタイ以外のラーメンにいってみようとか、世界でいちばんおいしいラーメンを探そうとはならないんです。「お前とまた、これからも」という気持ちにさせてくれるんですよね、マルタイ棒ラーメン。（談）

＊小ねぎの一種で、福岡県で栽培されているブランドねぎ

イラスト：久保ミツロウ

和えめん・つけめんのレシピ 11

ゆであげためんと
混ぜて、からめるだけ。
コシのある
棒ラーメンだから
おいしく仕上がります。

調理時間 7分

パクチストに捧げるおつまみめん

材料

チャーシュー（細切り）…50g
白髪ねぎ…½本
パクチー（ざく切り）…適量
白いりごま…適量
A 粉末スープ…½袋
　調味油…1袋
　ごま油…大さじ1弱

1. Aの材料を混ぜ合わせる（ⓐ）。
2. 鍋に湯を沸かし、半分に折っためんを4～5分ゆでて（ⓑ）冷水にとり、ざるにあげて水気をきる。
3. 1に2を合わせ（ⓒ）、チャーシュー、パクチー、白髪ねぎと和えて（ⓓ）器に盛り、白ごまをふる。

粉末スープ、調味油、ごま油を混ぜて和えめんのタレに

めんは、取り分けやすいように半分に折ってゆでる

タレが入ったボウルに、水気をきっためんを入れる

香味野菜を加えてよく和える

アドバイス

チャーシュー以外に、ハムやサラダチキンでもよく合います。

お酒に合う
パクチー
たっぷりの
和えめん

調理時間
7分

アボカドとカッテージチーズのサラダめん

材料

アボカド（1㎝角のさいの目切り）…½個
ミニトマト（4つに切る）…5個
カッテージチーズ…30g
オリーブ油…大さじ½
あらびき黒こしょう…適量
マヨネーズ…小さじ1

1. 粉末スープ½袋と調味油1袋、オリーブ油を混ぜ合わせる（ⓐ）。
2. 鍋に湯を沸かし、半分に折っためんを入れて4～5分ゆでて冷水にとり、ざるにあげて水気をきる。めんと1を和え、さらにアボカド、ミニトマトを加えて和える（ⓑ・ⓒ）。
3. 器に盛り、カッテージチーズを散らし、黒こしょうをふってマヨネーズをかける。

アドバイス

ミニトマトを加えることで、さっぱりとした味わいになります。粉末スープは全量使うと味が濃すぎるので半量で。

粉末スープ半量と調味油1袋にオリーブ油をプラス

ゆでて水気をきっためんとタレを和える

アボカドとミニトマトを加えてよく和える

クリーミーで
おしゃれな
サラダ感覚の
和えめん

調理時間 7分

ツナとミニトマトの冷やしめん

材料

ミニトマト(輪切り)…6個
ツナ(軽く油をきる)…½缶(30g)
酢…大さじ2
しょうゆ…小さじ1
バジル…1枚

1 鍋に湯を沸かし、めんを3分ゆでて冷水にとり、ざるにあげて水気をきる。

2 粉末スープ½袋、調味油1袋、酢、しょうゆを溶き混ぜ、トマト、ツナを加えて混ぜる(ⓐ〜ⓓ)。

3 器に1を盛り、2をのせてバジルを散らす。

ⓐ 酢が多めのタレを作る

ⓑ タレにミニトマトを加える

ⓒ ツナを加える

ⓓ めんの上にのせる具を和える

アドバイス

ラーメンとパスタの中間、新感覚の味です。酢が多めなので、酸味が苦手な人は減らしてください。

酢の酸っぱさが
不思議と後を引く

調理時間 7分

サラダビビンめん

材料

ベビーリーフ	15g
紫玉ねぎ（薄切り）	1/8個
ピーナッツ（塩分不使用）	5g
A 粉末スープ	1/2袋
A 調味油	1袋
A コチュジャン	大さじ1/2
A 酢	小さじ1
A 砂糖	小さじ1
A 冷水	小さじ1

1 Aを混ぜ合わせる（ⓐ）。

2 鍋に450㎖の湯を沸かし、めんを4～5分ゆでて冷水にとり、ざるにあげて水気をきる（ⓑ）。

3 1の2/3量のタレでめんを和える（ⓒ・ⓓ）。器に盛り、ベビーリーフと紫玉ねぎをのせ、残りのタレをかけてピーナッツを散らす。

タレの材料に水でのばす

めんはしっかり水気をきる

めんを和えるのはタレの2/3量だけ

めんをほぐしながらタレをからめる

アドバイス

タレの全量でめんを和えると味が濃すぎます。1/3量を残して仕上げに野菜にかけると味のバランスがよく仕上がります。

あらく砕いた
ピーナッツの
食感がポイント

調理時間 7分

アボカド納豆トマトめん

材料

納豆ミニパック	…1個
アボカド（薄切り）	…½個
トマト中玉（薄切り）	…¼個
A 粉末スープ	…½袋
A 調味油	…1袋
A しょうゆ	…小さじ1
A ごま油	…小さじ1
A わさび	…小さじ½
海苔（ちぎる）	…¼枚

1 Aを混ぜ合わせる（ⓐ）。

2 鍋に湯を沸かし、めんを4～5分ゆでて冷水にとり、ざるにあげて水気をきり、1の⅓量と和える（ⓑ・ⓒ）。

3 器に盛り、納豆をのせてアボカドとトマトを放射状に並べ、残りのタレをかけ（ⓓ）、海苔を散らす。

粉末スープ、調味油、わさび、しょうゆなどでタレを作る

タレの⅓量とめんを和える

めんをほぐしながらタレをからめる

残りのタレを具にかけると、味のバランスがよくなる

アドバイス

わさびとしょうゆで味をキリッと引き締め、濃厚なアボカドや納豆と合うタレにします。野菜は角切りにしてのせてもOKです。

わさび風味の
タレで
和風仕立てに

調理時間 7分

さば缶おろしのっけめん

材料

- さば缶（汁気をきってあらくほぐす）…50g
- 大根おろし…大さじ3
- 玉ねぎ（みじん切り）…大さじ1
- トマト（1cm角切り）…¼個
- かいわれ大根…適量
- A
  - 冷水…200mℓ
  - 粉末スープ…1袋
  - 調味油…1袋
  - ぽん酢…小さじ1

1. Aを混ぜ合わせる（ⓐ）。大根おろしは軽く水気をきる（ⓑ）。
2. 鍋に湯を沸かし、めんを4～5分ゆでて冷水にとる。ざるにあげて水気をきり、器に盛る。
3. 2に大根おろし、さば缶、玉ねぎをのせて1のスープをかけ（ⓒ）、トマトとかいわれ大根を散らす。

ⓐ 粉末スープ、調味油、ぽん酢、冷水でスープを作る

アドバイス

粉末スープは冷水でも溶けやすいので、冷やしラーメンのスープも簡単に作れます。

ⓒ スープはめんの端から静かに注ぐ

ⓑ 大根おろしはざるにのせて水気をきる

人気のさば缶を
さわやかな
冷やしラーメンに

調理時間 7分

すりごまと豚肉の和えめん

材料

- 豚しゃぶしゃぶ肉……60g
- 白すりごま……大さじ2
- 青ねぎ（小口切り）……3本
- 糸唐辛子（あれば）……適量
- A
  - 粉末スープ……½袋
  - 調味油……1袋
  - ゆずこしょう……小さじ½
- 冷水……小さじ1

1. Aの材料を混ぜ合わせる（ⓐ）。
2. 鍋に湯を沸かし、めんを4～5分ゆでる。途中で豚肉を加え、火が通ったら取り出す（ⓑ）。めんは冷水にとり、ざるにあげて水気をきる。
3. 1と2を和え、青ねぎ、白ごまを加えて混ぜる（ⓒ）。器に盛り、糸唐辛子を散らす。

粉末スープ、調味油、ゆずこしょう、冷水を混ぜる

めんと一緒に豚肉をゆで、火が通ったら取りおく

たっぷりと白すりごまをかけ混ぜる

アドバイス

しゃぶしゃぶ肉はゆで過ぎるとうまみが抜けてしまうので、火が通ったらすぐに引き上げてください。

マルタイラーメンに
白すりごまの
油分が絶妙に合う

カリカリじゃこペペロンめん

調理時間 10分

材料

- ちりめんじゃこ……20g
- バター……10g
- にんにく（みじん切り）……½かけ
- 赤唐辛子（輪切り）……適量
- 大葉（ちぎる）……2～3枚

1 バター、にんにく、赤唐辛子、じゃこを弱火で炒める（ⓐ）。

2 鍋に湯を沸かし、めんを4～5分ゆでて冷水にとり、ざるにあげて水気をきる。

3 2に1と調味油1袋を入れ、粉末スープを少しずつふり入れて混ぜ合わせる。器に盛り、大葉を散らす。

ⓐ じゃこと赤唐辛子をバターでカリカリになるまで炒める

アドバイス

じゃこやバターの塩気があるので、粉末スープは味をみながら加えてください。

カリカリに焼いた
香ばしいじゃこが
いいアクセントに！

調理時間
7分

納豆高菜和えめん

材料

納豆ミニパック…1個
高菜漬け…20g
白髪ねぎ…適量

1 ボウルに納豆、高菜、粉末スープ小さじ1、調味油1袋を入れて混ぜる。

2 鍋に湯を沸かし、めんを4～5分ゆでて冷水にとり、ざるにあげて水気をきる。

3 1に水大さじ½を加え(ⓐ)、めんと和える。器に盛り、白髪ねぎをのせる。

納豆高菜に水大さじ½を加えてのばす

アドバイス

納豆高菜は、水（またはゆで汁）でのばすことでめんにからみやすくなります。

調理時間
4分

逆盛りミートソースめん

材料

レトルトのミートソース…½袋
シュレッドチーズ…30g
黒こしょう…適量
タバスコ…適量

1. めんを3分ゆでて冷水にとり、ざるにあげて水気をきる。
2. 耐熱皿にミートソースを入れて電子レンジで1分加熱する。
3. 器に2を広げ、めんとシュレッドチーズを盛り、黒こしょうをふって食べる（ⓐ・ⓑ）。
4. 粉末スープ1袋弱と調味油を湯200㎖で溶いて少しずつかけて食べ、途中でタバスコをふる（ⓒ・ⓓ）。

ミートソースを下に、めんを上にする逆盛りに

シュレッドチーズをふりかける

湯に溶いた粉末スープと調味油をかける

タバスコをかけてさらに味の変化を楽しんで

アドバイス

ソースとめんを逆盛りにすることで、味を微妙に変えながら楽しめます。一口目は、ぜひめんだけを!

何度も
味を変えながら
楽しめる
パスタ≒ラーメン

調理時間 7分

マジックスパイス和えめん

材料

チャーシュー……2枚
長ねぎ(あらみじん切り)……20g
水菜(ざく切り)……適量
A ┌粉末スープ……小さじ1
　│カレー粉……小さじ1
　│砂糖……小さじ½
　└一味唐辛子……小さじ⅓

1 Aの材料を混ぜ合わせてマジックスパイスを作る(ⓐ)。

2 鍋に湯を沸かし、半分に折っためんを4~5分ゆでて冷水にとり、ざるにあげて水気をきり、調味油1袋と和える(ⓑ)。

3 器に2を入れ、チャーシュー、長ねぎ、水菜をのせ、1のスパイス少量ふりかける。

粉末スープ、カレー粉、砂糖、一味唐辛子を混ぜる

めんに調味油をからめる

アドバイス

マジックスパイスは、直接めんにかけると味が濃いので、少しずつかけて味をみながら調整してください。フライドポテトの調味料としても使えます。

余ったスパイスは容器に入れてアウトドアに持参しても!

粉末スープで
魔法の調味料が
できる

お笑いタレント 波田陽区さん

本名・大川晃。1975年山口県下関市生まれ。お笑いタレント。2004年に『エンタの神様』(日本テレビ)で「ギター侍」のネタを披露し、大ブレイク。その後、不遇の時代を過ごすも、2016年に福岡へ移住。現在は『ひるくるサタデー』(YAB)、『今日感テレビ日曜版』(RKB)をはじめ、テレビ、ラジオにレギュラーを7本抱える売れっ子に。ワタナベエンターテインメント所属。

40年前の子どものころの記憶とおんなじ味です

出身は山口県の下関市です。ものごころついたときから、家にはマルタイの棒ラーメンが置いてありましたね。たぶん、山口のほとんどの家庭に常備されているんじゃないですか。家のなかの食品棚を開けたら当たり前にある、みたいな。

小さいころによく食べていたのは土曜日のお昼ごはん。もちろん母ちゃんが作ってくれて、ね。中学生、高校生のころは、夜に小腹がすいたら夜食に作ってもらっていました。

自分で作るようになったのは大学生になってからですかね。高校を卒業した後は熊本の大学に行きました。実家を離れて自分で棒ラーメンを買うようになってみたら、これ、安いじゃないですか。2束入っていて、安売りのスーパーとかだと１００円ちょっとで手に入りますから。これは学生には相当ありがたい値段でしたね。一人暮らしでお金もあんまりないので、よりマルタイラーメンを食べるようになったと思います。

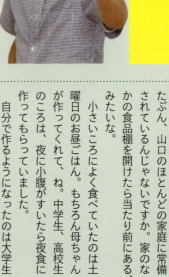

鍋のシメとかでも使いました。部屋にあるもの、冷蔵庫に残っているキャベツやねぎとかの野菜と豚バラ肉なんかを入れて鍋を作って食べて、最後に残った出汁にマルタイ棒ラーメンを入れて、食べる。すごい助かりましたね、たらふく食べるときには。

あと、やはり大学生になってから知ったんですけど、パッケージの裏に冷やしラーメンの作り方が書いてありますよね。夏場に、「あ、そうか、冷やしてもうまいんだ」って気づいて。「あったかくなくてもいいんだ」と。それで、めんをゆでて、ぽん酢で、つけめんみたいにして食べてましたね、冷やしラーメンにして。食べ盛りの大学生なんで、2束ぐらい簡単に食べられちゃうんですよね。

大学を卒業して東京に出てからは、食べる機会は減りました。2004年に「ギター侍[*1]」でブレイクした後、2016年、40歳のときに福岡に引っ越してからは九州を拠点に活動しています。2018年の秋にマルタイのCMに起用していただいたんですが、お話をもらったときは耳を疑ったというか、「えーっ」て。野球選手をめざしてた子どもが…ドラフトにかかるような選手じゃないのに、SBホークスの「ドラ1」で選ばれたみたいなもんですから。晴天の霹靂《へきれき》ですよ。まじか、っていう…。

食べ盛りの学生時代、鍋のシメに棒ラーメンをよく活用した。リーズナブルでありがたかった

そのときはマルタイラーメンのパッケージに僕の写真が載ったんです。波田陽区バージョンだったんですよ。ラーメンの工場見学させてもらったとき、自分の写真つきのパッケージがどんどん流れてきて、それにめんががんがん入っていくのを見て、めちゃくちゃ感動しましたね。「オレがあのマルタイラーメンのパッケージになってる」っていう。売れてるのか心配でスーパー

に何回も見にいきました。通常の袋のやつだったら売れ続けてるのに、波田の写真がついたら、みんな敬遠するんじゃないかって。スーパーに行ったら、ちょっと商品を前に出したりしました。うれしい半面、すごい緊張感がありました。

天神[*2]や大名で、マルタイラーメンを使ったレシピを紹介するイベントにも呼んでいただきました。そこで知ったんですが、これ、フライの衣にもできるんですよ。ちっちゃくぱりぱりぱりって折って、魚とかにまぶして揚げたりできる。食べ方は無限って言ったら言い過ぎかもしれませんけど、そう考えると棒ラーメンのレシピはすごくたくさんあると思います。

今、福岡では家族…嫁さんと子どもがいて、一緒に住んでいるんですが、うちの子が休みの日に棒ラーメンを嫁さんに作ってもらっているのを見ると、なんだか僕が子どものときに食べていたのを、40年たって同じ光景を見ているようです。たぶん40年でマルタイ棒ラーメンはマイナーチェンジはしてるんでしょうけど、記憶のなかではおんなじ味なんです。

マルタイは60周年なんですね。僕は仕事で、生き続けるのが大変ってことは知っていますので、60年間愛されるのがどんだけすごいことかわかります。子どものときから大好きだったマルタイの仕事もできて、福岡のみなさんにはほんとに感謝してます。できればまたマルタイさんのCMに出たいです。それが今の夢ですね（笑）。

（談）

2018年秋に行なわれた「味のマルタイで旬を取り戻せ!」キャンペーンではCMキャラに

＊1ギター侍：着流し姿でギターを弾きながら、有名人の真相をバラす毒舌ネタ。最後の「残念!!」が決め台詞

＊2天神や大名：福岡市中央区の地名。地域一番の繁華街

つけめん・冷やしめん・焼きそばのレシピ 7

暑い季節には
冷やし中華や
つけめんに。
いろいろなアレンジで
焼きそばも
楽しめます。

調理時間 10分

冷やアツ！しいたけつけめん

材料

鶏ひき肉……80g
生しいたけ（薄切り）……4枚
青ねぎ（小口切り）……適量
おろししょうが……小さじ1
刻みのり……適量
サラダ油……小さじ1

1 鶏ひき肉としいたけをサラダ油で炒める（ⓐ・ⓑ）。水200㎖を加え（ⓒ）煮立ったら粉末スープと調味油1袋を入れ（ⓓ）、青ねぎ、しょうがを加えて器に盛る。

2 めんを4～5分ゆでて冷水にとり、ざるにあげて水気をきる。別の器に盛り、刻み海苔を散らす。

鶏ひき肉はポロポロになるまで中火で炒める

しいたけを加えて炒め合わせ、香りを出す

水を加えて煮立たせる

粉末スープと調味油を加えたら軽くかき混ぜる

アドバイス

スープはアツアツ、めんは冷え冷え、「冷やアツ」のつけめんです。鶏ひき肉としいたけで、付属の粉末スープにコクをプラスします。

愛しの
和風つけめん
スープ

調理時間 8分

カラフル冷やし中華

材料

きゅうり	…⅓本
カラフルミニトマト	…3～4個
魚肉ソーセージ	…½本
レモン	…1切れ

A

粉末スープ	…1袋
調味油	…1袋
砂糖	…大さじ1
酢	…大さじ1
しょうゆ	…大さじ½
水	…90mℓ

1 きゅうり、カラフルトマト、魚肉ソーセージは薄い輪切りにする（ⓐ）。

2 Aを混ぜ合わせる（ⓑ）。

3 鍋に湯を沸かし、めんを4～5分ゆでて冷水にとり、ざるにあげて水気をきる。器に盛り、2をかけて（ⓒ）、1の具をのせ、レモンを添える。

アドバイス

そのまま食べられる魚肉ソーセージを使うことで、切ってのせるだけの冷やし中華のできあがり。カラフルで見た目も楽しくなります。

ⓐ 具を薄い輪切りにそろえる

ⓑ 粉末スープ、調味油、砂糖、酢、しょうゆ、水を混ぜる

ⓒ 具をのせたら端から静かにスープを注ぎ入れる

レモンが
味の決め手。
搾りかけて
さわやかに

調理時間 6分

マルタイ冷めん

材料

- チャーシュー（細切り）…3枚
- きゅうり（細切り）…⅓本
- キムチ…30g
- ゆで卵…½個
- 韓国海苔…2枚
- 白いりごま…適量
- A
  - 粉末スープ…1袋
  - 調味油…1袋
  - 酢…大さじ1
  - 水…200mℓ

1. Aを混ぜ合わせる（ⓐ・ⓑ）。
2. 鍋に湯を沸かし、めんを4～5分ゆでて冷水にとり、ざるにあげて水気をきり（ⓒ）、器に盛る。
3. 2に細切りにしたチャーシューときゅうり（ⓓ）、キムチ、ゆで卵をおき、1を注ぎ、韓国海苔、白ごまをのせる。

ⓐ 付属の粉末スープと調味油に酢を加える

ⓑ 水を加えると、冷めん風のスープになる

ⓒ 味が薄まらないようにしっかり水気をきる

ⓓ きゅうりとチャーシューを細切りにして食感を合わせる

アドバイス

具にキムチを添えることで、スープのうまみがアップします。

付属のスープ+
酢でできる
手軽な冷めん

調理時間
10分

博多風
焼きラーメン

材料

卵	…1個
豚バラ肉	…2枚
塩・こしょう	…少々
キャベツ（ざく切り）	…1枚
しめじ（小房にほぐす）	…20g
もやし	…30g
紅しょうが	…適量
青ねぎ（小口切り）	…適量
サラダ油	…小さじ1
A 粉末スープ	…1袋弱
調味油	…1袋
水	…大さじ1

1 目玉焼きを作る（ⓐ）。

2 サラダ油を熱し、塩・こしょうをした豚肉を焼き、野菜を炒め合わせて火を止める（ⓑ）。

3 めんを2分30秒ゆでて、ざるにあげて水気をきる。2に加えて炒め、混ぜ合わせたAで調味し（ⓒ）、器に盛り、目玉焼き、青ねぎ、紅しょうがを添える。

半熟の目玉焼きを作る

豚肉を焼いてから野菜を加えて炒め合わせる

Aを混ぜ合わせ炒めることで、味のムラができにくい

アドバイス

粉末スープと調味油は水で溶き混ぜておくと、めんに味が均一につけられます。

目玉焼きの
黄身を崩しながら
食べる幸せ

調理時間 10分

ツナとにらの焼きそば

材料

ツナ缶（軽く油をきる）…1缶（70g）
にら（4cmのざく切り）…¼束
サラダ油…大さじ1
黒こしょう…適量

1 湯を沸かし、めんを2分30秒ゆで、ざるにあげて水気をきる。フライパンにサラダ油を入れて熱し、めんを炒める（ⓐ）。

2 ツナを加えて炒め（ⓑ）、粉末スープ½袋、調味油1袋を混ぜる（ⓒ）。にらを加えて軽く炒め（ⓓ）、器に盛り、黒こしょうをふる。

ⓐ めんを先に炒めて余計な水分を飛ばす

ⓑ あらくほぐしたツナを加えて炒める

ⓒ 粉末スープ、調味油を加える

ⓓ にらを加えて軽く炒める

アドバイス

ツナはできるだけ形を残すようにして炒めると美味。にらが色鮮やかになったら、すぐに火を止めてください。

にらを
たっぷり加えて
病みつきになる
味に

調理時間
8分

レタスのマルタイチャンプルー

材料

ポークランチョンミート（2cmの角切り）…50g
レタス小（細切り）…60g（⅕個）
サラダ油…小さじ2

1 フライパンにサラダ油を熱し、2cm角に切ったポークランチョンミートを中火で焼く（ⓐ）。

2 鍋に湯を沸かし、めんを2分30秒ゆでて水にとり、ざるにあげて水気をきる。

3 1にめんを加えて炒め、粉末スープ小さじ1、調味油1袋で調味し、レタスを加えてさっと炒める（ⓑ〜ⓓ）。

缶詰入りの豚肉加工品・ポークランチョンミート

ⓐ ポークランチョンミートをこんがり焼く

ⓑ めんを加えてほぐしながら炒める

ⓒ ポークランチョンミートの塩分があるので粉末スープは控えめに

ⓓ たっぷりのレタスを炒め合わせる

アドバイス

レタスはサッと炒め合わせたらすぐに火を止めてください。シャキシャキ感を残すのがおいしさの秘訣です。

ポーク
ランチョンミートで
沖縄風
焼きそばに

ラーメンチーズダッカルビ

調理時間*
25分

（＊鶏肉の漬け込み時間を除く）

みんな集まれ！
マルタイラーメン・
パーティを
しよう

材　料（3〜4人分）

マルタイラーメン	…2束
鶏もも肉（一口大）	…250g
ミックス野菜（キャベツ野菜炒め用）	…1袋230g
A［コチュジャン	…大さじ3
酒	…大さじ2
しょうゆ	…小さじ1
砂糖	…小さじ2
おろしにんにく	…小さじ1
おろししょうが	…小さじ1
粉末スープ	…1袋
調味油	…1袋
一味唐辛子	…小さじ½
シュレッドチーズ	…250g程度
ごま油	…大さじ1

1 Aを混ぜ合わせ、⅔量を鶏肉にからめて30分おく（ⓐ）。

2 めんは半分に折って2分ゆで、冷水にとり、ざるにあげて水気をきり、残りのAで和える（ⓑ）。

3 ホットプレートにごま油を熱し、鶏肉を焼く。野菜を加えて（ⓒ）ふたをし、蒸し焼きにして電源を切る。

4 めんを小分けにして具の間に入れ、1の漬け汁をかける（ⓓ）。具を両側に寄せて中央にチーズを入れ、電源を入れてふたをしてチーズを溶かす。

半分に折っためんをゆで、Aの⅓量と和える

Aの材料をポリ袋に入れて混ぜ、鶏もも肉を漬け込む

鶏肉を漬け込んだ汁Aを全体にかける

ホットプレートで肉の表面を焼いたら野菜を入れる

アドバイス

大人気のチーズダッカルビにマルタイラーメンを加えました。粉末スープとコチュジャンなどを合わせた甘辛タレが食欲をそそります。

フリーライター
ホーボージュンさん

本名・斎藤潤。1963年東京生まれ。大学在学中のパリ〜ダカール・ラリー取材を皮切りに、世界中の陸・海を駆け巡る全天候型フリーライター。バックパックを担いでの旅の総距離は12万km超。著書に『実戦主義道具学』『実戦主義道具学2』（ともにワールドフォトプレス）、『山岳装備大全』（共著、山と溪谷社）など。

「ホーボージュンは棒ラーメンしか食べない」

一時期、アウトドア業界にそんな噂が広まっていた。いや噂などという生やさしいレベルではない。それは「パンダは笹しか食べない」とか「コアラはユーカリしか食べない」といった生物学的なファクトとして受け止められていたのだ。

じっさい僕は「オレのカラダは棒ラーメンでできている」と豪語し、世界のあらゆる場所で棒ラーメンを食っていた。サハラ砂漠で、ケニアのサバンナで、アラスカの原野で、南太平洋の無人島で、僕はひたすら棒ラーメンを食べ続けた。43歳の冬に単独で南米パタゴニアへ長期トレッキングに行ったときは、24食分の「マルタイ棒ラーメン」を背負っていったほどだ。

このとき僕は〝世界最南端のトレイル〟を歩きに行った。アルゼンチン最南端のプンタ・アレナス港から地元のオンボロ船に乗り込み、ビーグル水道（チャールズ・ダーウィンが乗り込んだビーグル号が発見した水道だ）をたどり、世界最南端の有人島であるナバリノ島へと渡った。そしてこの島の南方に広がる無人のツンドラ地帯を延々と歩き続け、最終的に南緯55度06分17秒という、歩いて行ける世界最南端にたどり着いたのである。

フィン・デル・ムンド（世界の果て）には人の気配は微塵もなく、鳥も鳴かなければ蝶も飛ばない。南極ブナの原生林にただただ風が吹き渡るだけだった。

このとき僕は（南極越冬隊のみなさんを除けば）世界人類74億人のうちで、最も南にいる人間だった。そんな場所で僕は枯れ枝を集め火を熾した。そしてこの焚き火でお湯を沸かし、棒ラーメンを作って食ったのである。

これは（南極越冬隊のみなさんを除けば）世界最南端棒ラーメン記録のはずだ。少なくとも焚き火で作った世界最南端記録である。ダーウィンは『進化論』を唱えた、しかし僕は棒ラーメンの進化を記録した。歴史的な〝エクストリーム棒ラーメニスト〟でもあるのだ！

パタゴニア最南端のナバリノ島にある世界最南端のトレイル終着点、「Fin del Mundo」（世界の果て）にて

世界最南端の棒ラーメン

さて。これほどまでに棒ラーメンを偏愛するのには3つの理由がある。まずは「汁物」であることだ。疲れていても食べやすく、身体が温まり、精神的にも回復する。パスタのように水を無駄に捨てることもない。

そしてコンパクトに運べること。僕が標準食にしている「マルタイラーメン・2食入りパック」は包装がシンプルなため25×15㎝の[*1]シルナイロンバッグに10食分がすっぽりと収まってしまう。これは袋入り乾麺にはとても真似のできない芸当である。

さらに大切なのは、九州らしい「早ゆで仕様」なので燃料が節約できることだ。

僕は単独行が多いので、荷物や燃料はあまり持てない。だから長期縦走[*2]の場合は夕飯にアルコールストーブを使って600㎖のお湯を沸かし、その3分の1でアルファ米[*3]を戻し、残りのお湯で棒ラーメンを2食分煮て麺だけを食べる。そして翌朝に残ったスープにごはんを入れて雑炊にして食べる……というのをルーティンにしている。

こうすると一日あたり60〜80㎖のアルコール燃料で自炊のやりくりができ、何十日も旅が続けられる。これほど少ない燃料で毎日温かい食事がとれるのは、この早ゆで仕様のおかげなのだ。

まあ、正直いうと今はもうそんなに若くないのでそこまでストイックな食べ方はしない。オジサンになると“起き抜けの豚骨”がツライのだ。それにトレイルフーズ[*4]やレトルト食品が超絶に進化したので、棒ラーメンの比率は年々下がってきているのが実情だ。

それでも僕の食料計画のど真ん中に棒ラーメンがいることは今も変わりはない。じつは明日から“北アルプス最後の秘境”と呼ばれる雲ノ平へ縦走登山に出かけるのだが、バックパックの底には3袋の棒ラーメンが仕込んである。これなしに僕の旅はないのである。だから令和を迎えた今、僕は再びこう宣言しよう。

オレのカラダは、棒ラーメンでできているのだ。

棒ラーメンとアルファ米はいつも僕の食糧計画の真ん中にいる

＊1シルナイロンバッグ：非常に軽量かつ強度のあるナイロン素材を使用した小物入れ用の袋

＊2縦走：複数の山を、山道をたどりながら連続して歩く登山の方法

＊3アルファ米：特別な加工をした乾燥米飯。湯や水を加えるだけでごはんとして食べられる

＊4トレイルフーズ：フリーズドライ食品など、軽量で持ち運びに適した登山・トレッキング用の食品

写真・文＝HOBOJUN

山ラーメンのレシピ 12

軽量・コンパクトで
登山者に人気の棒ラーメン。
アウトドアでも
手軽に作れるレシピです。

大和煮と焼きねぎのラーメン

調理時間 6分

材料

- 牛肉大和煮缶…1缶
- 長ねぎ（3㎝のぶつ切り）…15㎝
- サラダ油…小さじ1
- 乾燥ねぎ…適量
- 七味唐辛子…適量

1. メスティンにサラダ油を入れてねぎを焼く。湯400㎖を沸かし、めんを半分に折って3分ゆで、粉末スープ半量、調味油1袋を加えて軽くかき混ぜる（ⓐ〜ⓒ）。
2. 大和煮を加えて（ⓓ）、小さじ2の缶汁を加えてひと煮立ちしたら火を止め、乾燥ねぎ、七味唐辛子をふる。

メスティンでゆでる場合は、めんを半分に折る

通常より少なめの湯でゆでて、粉末スープの量は控えめに

調味油を加えたら、軽くかき混ぜる

缶詰の大和煮を加える

大和煮缶で、
角煮風のラーメンが
すぐできる！

アドバイス

長ねぎを焼くことで、香ばしさがアップします。メスティンのふたをフライパン代わりに使ってもいいですよ。

調理時間
4分

カレーラーメン

材料

魚肉ソーセージ（斜め切り）…1本
ブロッコリー…小5房
温泉卵…1個
カレー粉…小さじ1

1 フライパンに450㎖の湯を沸かし、めん、ブロッコリー、魚肉ソーセージを入れ、3分ゆでて火を止める。

2 粉末スープと調味油各1袋、カレー粉を加えて(a)軽くかき混ぜ、温泉卵をのせる。

カレー粉を加えて仕上げる

アドバイス

カレー風味でアウトドアの疲れも吹き飛びます！温泉卵を持ち運ぶのが不安なら、ゆで卵にしてください。

たんぱく質が補給できるパワーアップラーメン

缶詰カレーを
かけるだけ、
失敗知らずの
山ごはん

調理時間
4分

グリーンカレーラーメン

材料

- マルタイラーメン…1食
- グリーンカレー（缶詰）…115g
- パクチー…適量

1. コッフェルに400㎖の湯を沸かし、めんを半分に折って3分ゆで、火を止める。
2. 粉末スープ½袋、調味油1袋を入れてかき混ぜる。
3. グリーンカレーの缶詰を加えて（ⓐ）軽く温めて、パクチーをのせる。

ⓐ
薄めに調味したラーメンに缶詰カレーを加える

アドバイス

グリーンカレーに塩分があるので、粉末スープは半分に減らしています。好みで加減してください。

わかめとコーンのガリバタラーメン

調理時間 5分

材料

ホールコーン…大さじ2
乾燥わかめ…大さじ1
にんにく（みじん切り）…½かけ
バター…10g

1 フライパンにバターとにんにくを熱し、コーンを入れて炒め（ⓐ）、取りおく。

2 1のフライパンに湯400㎖を沸かし、めんを3分ゆでて火を止める。乾燥わかめ、粉末スープと調味油各1袋を加えて軽くかき混ぜ、1をのせる。

フライパンでコーンとバターを香りよく炒める

アドバイス

チューブのおろしにんにくを使うとさらに手軽になります。乾燥わかめはスープを吸ってしまうので、入れ過ぎに気をつけて。

バターとにんにくでスタミナアップ

まろやかな
酸味で
疲れが吹き飛ぶ、
胃にやさしい味

調理時間 5分

梅めかぶラーメン

材料

めかぶ（味つき）…1パック
とろろ昆布…適量
梅干し…1個
青ねぎ（小口切り）…適量
白いりごま…適量

1 メスティンに湯400mlを沸かし、半分に折っためんを3分ゆでて粉末スープ1袋弱、調味油1袋を入れて軽くかき混ぜる。

2 めかぶを加えて（a）軽く温め、とろろ昆布、梅干しを添え、青ねぎ、白ごまを散らす。

a

パックごと持参しためかぶを加える

アドバイス

味つきのめかぶは、凍らせてアウトドアに持っていき、自然解凍された状態でラーメンの具に。まろやかな酸味がマルタイラーメンに合います。

調理時間*
4分

簡単タンタンめん

（＊自宅での仕込み時間を除く）

材料

豚ひき肉…50g
食べるラー油…大さじ2
おろしにんにく…小さじ½

1 自宅で豚ひき肉とおろしにんにくを「食べるラー油」で炒める。冷めたら容器に入れ、外出直前まで冷蔵庫で保存する。

2 山でメスティンに400mlの湯を沸かし、半分に折っためんを3分ゆで、粉末スープと調味油各1袋を入れて軽くかき混ぜ、**1**を加える（ⓐ）。

ⓐ
めんができあがったら、ピリ辛そぼろ肉を加えて温める

アドバイス

この分量で2回分のピリ辛そぼろ肉ができあがります。単独なら2回、2人なら1回分です。

自宅で仕込んだ
ピリ辛そぼろを
山ごはんに活用

うまみのある
軽量食材で、
山ラーメンを
堪能しよう

調理時間
5分

力きつねラーメン

材料

油揚げ……1枚
桜えび……大さじ1
スライス餅……1枚
乾燥ねぎ……適量

1 油揚げは三角形に切る。

2 メスティンに湯400㎖を沸かし、半分に折っためんを2分ゆでる。

3 2に1を加えて軽く煮て火を止め、粉末スープと調味油各1袋を加えて軽くかき混ぜる。スライス餅をのせ（ⓐ）、桜えび、乾燥ねぎを散らす。

ⓐ

すぐにやわらかくなるスライス餅は、食べる直前に加える

アドバイス

油揚げは三角形に切ると、食べ応えが増して満足感がアップします。用具の大きさに合わせて細切り、角切りなど、切り方を変えてください。

調理時間
4分

いか天ラーメン

材料

いか天スナック …1袋(15g)
青ねぎ(小口切り) …適量

1 いか天スナックはあらく砕く。

2 メスティンに湯400㎖を沸かし、半分に折っためんを3分ゆでて火を止める。粉末スープと調味油各1袋を加えて軽くかき混ぜる。

3 青ねぎと**1**をのせる。

調理にはこちらのスナックを使用。激辛味でもOK

アドバイス

いか天スナックは、めんをゆでている途中で加えてやわかく煮るのも○。好みの食感を見つけてください。

スナック菓子を具にする簡単激ウマラーメン

定番の山ラーメンにきのこをたっぷりプラス

森のきのこウインナーラーメン

調理時間 6分

材料

ウインナー…2本
きのこ（しめじ・まいたけ等）…計60g
にんにく（薄切り）…1かけ
サラダ油…小さじ1

1 きのこを小房にほぐす。フライパンにサラダ油を熱し、ウインナーを炒めて取りおく。

2 フライパンに湯400㎖を沸かし、めんを2分ゆでる。きのことにんにくを加えてしんなりするまで煮る。火を止め、粉末スープと調味油各1袋を加えて混ぜ（ⓐ）、ウインナーをのせる。

きのこのうまみを煮出してから粉末スープを加える

アドバイス

道の駅や山のふもとにある無人販売所の採れたてきのこを見つけたら、試したいラーメンです。

から揚げパイナップルラーメン

調理時間 4分

材料

鶏のから揚げ（冷凍または総菜）…5個
カットパイナップル…8切れ
フライドオニオン…大さじ1

1 フライパンに湯400mlを沸かし、めんを2分ゆでる。

2 **1**に粉末スープと調味油各1袋を加えてかき混ぜ、鶏のから揚げを加えて軽く煮て（ⓐ）、パイナップルとフライドオニオンを散らす。

から揚げを加えて温める

アドバイス

これを山で調理するなら冷凍から揚げが便利! 山行中に自然に解凍されます。日帰り限定メニューとして。

酸味と脂をプラスすることで、想像以上のおいしさに!

いかくんのスモークの香りと、ほのかな酸味が絶妙

いかくん わさび和えめん

調理時間 4分

材料

いかくん…10～15切れ
練りわさび…2㎝
青ねぎ(小口切り)…適量

1 いかくんを2～3㎝に切る。

2 フライパンに少なめの湯を沸かし、半分に折っためんを3分ゆでて水気をきる。

3 粉末スープ½袋、調味油1袋、わさびを1に加えて(ⓐ)、めんにからめる。いかくんを加え、青ねぎを散らす。

チューブ入りの練りわさびを絞り出してめんと和える

アドバイス

うまみと酸味を兼ね備えたいかくんは、マルタイラーメンに絶妙にマッチします。わさびをプラスすることで、数段おいしく!

柿ピーパクチー和えめん

調理時間 4分

材料

柿の種の小袋…1袋
パクチー…適量

1. フライパンに少なめの湯を沸かし、半分に折っためんを3分ゆでて少しゆで汁を残す。
2. 粉末スープ小さじ1、調味油1袋を混ぜ合わせてめんにからめる。
3. 砕いた柿の種ⓐを2と加えて和え、パクチーをのせる。

柿の種は、袋ごと手でもんで砕く

アドバイス

アウトドアシーンではラーメンのゆで汁を捨てずに済むように、めんは少なめの水でゆでてください。

パリパリの柿の種とパクチーで魅惑の和えめんに

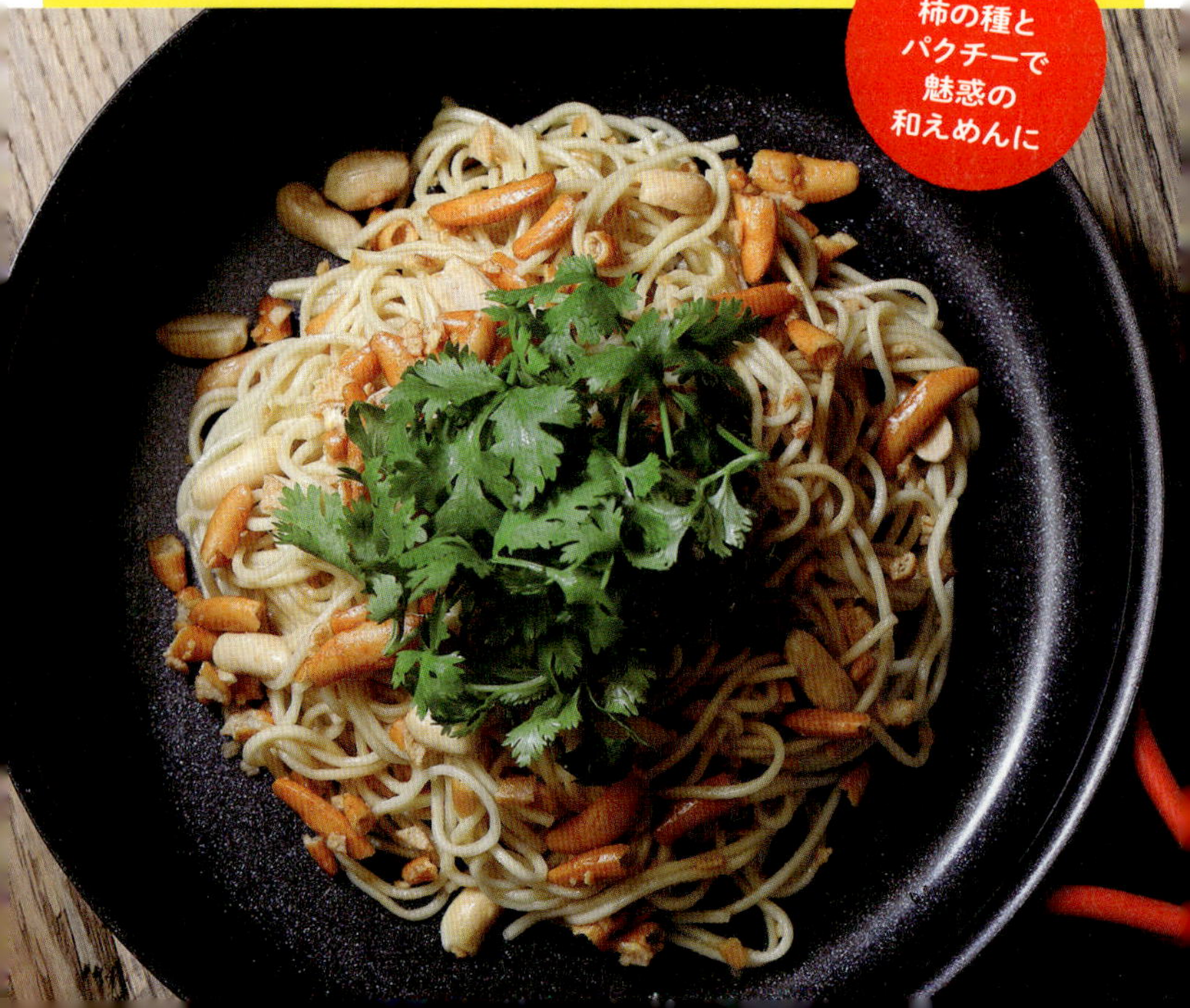

コンビニで買える
上手に使いたい便利食材

コンビニやスーパーで手に入るカット野菜や加工食品を上手に使うことで、調理の手間が省け、食品ロスも減らせます。

サラダチキン

切るだけで温めんのトッピングや和えめんの具に使えます。

使用しているレシピ
P014 ▶クイック鶏そば
P042 ▶トマトチリめん

ミックス野菜

包丁いらずのカット野菜はバリエーション豊富。ラーメン用などもあるので便利です。

使用しているレシピ
P036 ▶ちゃんぽん風ラーメン
P088 ▶ラーメンチーズダッカルビ

おつまみや調味料

おつまみやスナック菓子もアレンジラーメンに大活躍。おろししょうがのほかに、わさびを使うことでレシピの幅が広がります。

使用しているレシピ
P022 ▶鶏わさラーメン（わさび）
P060 ▶アボカド納豆トマトめん（わさび）
P102 ▶いか天ラーメン（いか天スナック）
P105 ▶いかくんわさび和えめん（いかくん・わさび）
P106 ▶柿ピーパクチー和えめん（柿の種）

ゆで卵

生卵から作るためにはひと手間が必要ですが、ゆで卵は手軽に購入できます。山ラーメンの貴重なたんぱく源にも!

使用しているレシピ
P006 ▶マルタイラーメン ジ・オリジン（半熟の煮卵）
P023 ▶たっぷりわかめと高菜ラーメン（半熟の煮卵）
P035 ▶えびと長ねぎのラーメン（半熟の煮卵）
P096 ▶カレーラーメン（温泉卵）

ファンに聞いた 思い出のエピソード

はじめての山泊まりで夜に食べたのは棒ラーメン。山へ行く前に家で試食していきましたが、空気や景色も相まって10倍おいしくいただきました。私流の食べ方は「ラーメンおじや」。のりをたっぷり入れています。

神崎うーやん（千葉県）

子どものころ、冬になると母がよくキムチ鍋を作ってくれました。鍋のシメは中華めんを入れたキムチラーメンで、毎回それが楽しみでした。ある日、どのめんがキムチ鍋に合うかという話になり、それからはいろいろなめんを試すようになりました。そのなかでいちばんおいしかったのが棒ラーメンでした。**亡き父が「やっぱ、コレがいちばんうまい」と言ったときの笑顔は今でも思い出します。**家庭を持った今でも**キムチ鍋のシメは棒ラーメン**です。

トラヴィス（神奈川県）

大好きな山岳ガイドの爺ちゃんが企画したナイトハイク・イベントで何度も食べています。直径50㎝くらいの大鍋をザックにくくりつけ、みんなで交代に背負って登りました。休憩ポイントに着いたらすぐに湯を沸かし、**10人以上で「棒～～～ラーメーーーン！！」と叫びながら、一斉に鍋にめんを投入。**思い思いに持ち寄ったさまざまな具材を入れ、気のおけない仲間と夜景を愛でながらの食事は、もうおいしくておいしくてたまりません☆　また行こうネー♪

Utan（神奈川県）

夜の山で仲間と棒ラーメン鍋!（Utanさん）

実家が九州で、子どものころは母親が作ってくれた棒ラーメンをしょっちゅう食べていました。**記憶に残っている最初に食べたラーメンが棒ラーメンです。**時代の変化や就職、転居に伴い、食べなくなりましたが、母親が亡くなった後、現在住んでいる長野県の**スーパーで**

棒ラーメンを見つけたときは懐かしさで胸がいっぱいになり、涙が出てきました。それ以来、棒ラーメンは私にとってのナンバーワン&オンリーワンに返り咲き、再び楽しむようになりました。

宮田安兵衛（長野県）

小学生のころだから50年前になります。当時、**米屋で売っていたマルタイ棒ラーメンは数十円でした。自分で作れた唯一の食事でした。最高においしかった。**最後に冷や飯を入れて食べてましたが、いまだにやってますよ。

伊藤智則（福岡県）

50年前からおいしく食べてます（伊藤さん）

7年前、私は東日本大震災の災害復旧支援ボランティアで宮城県の南三陸町にいました。ある日、移動途中でみんなで食事をすることになりましたが、家に棒ラーメンがあることを思い出した私は、みんなに連絡もせず、帰宅して棒ラーメンを食べました。**本格的な豚骨ラーメンの味に飢えていた私は、そのおいしさに涙が出ました。**あまりのおいしさに友人たちにも配りました。今は友人たちも派遣元に戻り、たぶん棒ラーメンを食べてくれているのではないかと思います。

白武和磨（佐賀県）

夕飯に棒ラーメンを食べました。メスティンで4人分を一度にゆでたため、めんが固まってドロドロになってしまい**…メスティンの底に棒ラーメン紋様の焦げができました。まるでエジプトの遺跡のようでした。**その後、小分けの野菜を足すと、味のムラがなくなっておいしく食べられました。忘れられない味です。

とも（東京都）

寒い冬になると親父は、よく僕と兄貴をワカサギ釣りに連れ出した。寒いのは嫌だったが、携帯ガスボンベで作ってくれる棒ラーメンをすする喜びにいつもつられた。親父は手でちぎったキャベツやもやしを鍋に入れては、「野菜もしっかり食え」と言っていた。ひとつの鍋を3人で代わる代わる食べた。**棒ラーメンを食べるたびにワカサギ釣りと、今は亡き親父のことを思い出す。**

だい（福岡県）

どのレシピも
バリうまか〜

マルタイ社員が考えた

おすすめアレンジレシピ5品

「棒ラーメンの聖地」である㈱マルタイ。社長以下、ここに勤める従業員のみなさんに、おいしくて簡単な棒ラーメンメニューを考えてもらいました。

福岡市西区にあるマルタイ本社。
現在の場所は「長崎皿うどん」の工場と一体になっている

トマトかきたまラーメン

調理時間
5分

ただいま61歳、
社長になって
4年目です

代表取締役社長
見藤史朗《みとうしろう》さん

マルタイラーメンは手軽に本場の味を楽しめます。好きなトマトと卵を使って簡単にできるものを考えました。家では家内に料理してもらうことが多いです。私は難しいのは作れませんから(笑)。

［材料］

トマト	…1個
卵	…1個
生バジル	…適量

1 トマトを角切りにする。卵を溶きほぐす。

2 沸騰したお湯にめんを入れ、2分ゆでる。

3 切ったトマトを鍋に加えて、40秒煮る。

4 粉末スープと調味油各1袋を入れ、10秒後に溶き卵を加え、器に盛りつけ、バジルをのせる。

イタリアン冷やし中華

調理時間 7分

原材料や
エネルギーなど
パッケージ裏面の表示を
作成しています

製造本部商品開発部
余《よ》語《ご》恵《え》理《り》香《か》さん

冷やし中華が好きなので、イタリアン風においしくアレンジしてみました。女性に喜んでもらえるようなメニューだと思います。最後にブラックペッパーをちょっとかけるのがポイントですね。

［材料］

トマト		…1個
クリームチーズ		…18g×2個
水		…90㎖
A	砂糖	…大さじ1
	しょうゆ	…大さじ½
	酢	…大さじ1
	オリーブ油	…大さじ1
	乾燥バジル	…小さじ½
生バジル		…適量
黒こしょう		…適宜

1. トマト、クリームチーズをそれぞれ角切りにする。
2. 沸騰したたっぷりのお湯にめんを入れて4分ゆで、冷水で冷した後、水気をきる。
3. 水90㎖に、Aの材料と、粉末スープと調味油各1袋を加えて混ぜる。
4. 器にめんと1、生バジルを盛り付け、3をかける。黒こしょうをふる。

ワシャワシャ肉もやしそば

［材料］

もやし	…80g
豚ひき肉	…50g
玉ねぎ（薄切り）	…¼個
サラダ油	…小さじ1
おろししょうが	…小さじ1
刻みのり	…適量
紅しょうが	…適量

1. もやし、豚ひき肉、玉ねぎをサラダ油で炒め、粉末スープ適量とおろししょうがで味つけする。
2. たっぷりのお湯でめんを3分ゆで、湯をきる。
3. 1、2、調味油1袋を合わせて混ぜ、器に盛り、刻みのりと紅しょうがをちらす。

調理時間
10分

以前は棒ラーメン、今は皿うどんの工場長です

製造本部製造部福岡工場長
廣嶋智幸《ひろしまともゆき》さん

「晩酌のおとも」になるものをと考えてみました。安価のもやしとひき肉を使うことで手軽に作れます。それなりに…いや、けっこうおいしいと思いますよ!

まぜそば

調理時間
5分

表示の確認や
工場の監査を
しています。
マルタイは
いい会社ですよ〜

品質保証部
大塚《おおつか》琴《こと》美《み》さん

「台湾風まぜそば」など、まぜそばが流行っているので考案してみました。うちの棒ラーメンで簡単に作れるところがポイントです。夏には冷やし中華もよく作りますよ。料理、けっこう好きなんです。

[材料]

ごま油	…小さじ2
レモン汁	…小さじ1
玉ねぎ(みじん切り)	…大さじ1
長ねぎ(小口切り)	…3cm
[お好みで]	
かつおぶし	…適量
メンマ(細切り)	…3切れ
チャーシュー(細切り)	…2枚
煮卵	…1個
白髪ねぎ	…適量
レモン汁	…適量

1. たっぷりのお湯でめんを3分30秒ゆで、冷水でよく冷やしてから水気をきる。
2. めんと、ごま油、粉末スープ⅔袋、調味油1袋、レモン汁を和え、玉ねぎ、長ねぎをよく混ぜ、丼に盛る。
3. お好みで、白髪ねぎ、かつおぶし、メンマ、チャーシュー、煮卵を加えてもいい。レモン汁をしぼり混ぜて食べる。

焼きラーメン

［材料］

豚薄切り肉	…50g
玉ねぎ（くし形切り）	…¼個
キャベツ（ざく切り）	…1枚
かまぼこ（細切り）	…3枚
もやし	…50g
ちんげん菜	…3枚
紅しょうが	…適宜

1. フライパンで豚肉、玉ねぎ、キャベツ、かまぼこ、もやし、ちんげん菜を炒める。
2. 軽く火が通ったら具を端に寄せる。熱湯300㎖を加えてひと煮立ちさせ、めんを半分に折って入れ3分煮る。
3. 水気が少し残るくらいで火を止め、粉末スープ½袋をよく混ぜ、調味油1袋をかける。
4. 皿に盛り、お好みで紅しょうがをのせる。

入社1年目です。得意先へ試食レシピ、アレンジレシピを提供しています

福岡営業所
赤《あか》田《だ》奈《な》那《な》さん

フライパンひとつで簡単に、おいしく作れます。焼くことで、通常の棒ラーメンにはないとろみや、もっちり感が出ます。濃い味が好きな方はハマること間違いなし。ビールとの相性もばっちりですよ!

調理時間
8分

❹乾燥・殺菌
切り出しためんを時間をかけて乾かし、殺菌する

棒ラーメンができるまで

棒ラーメンがどのように作られるのか、製造ラインをイラストでお見せします。

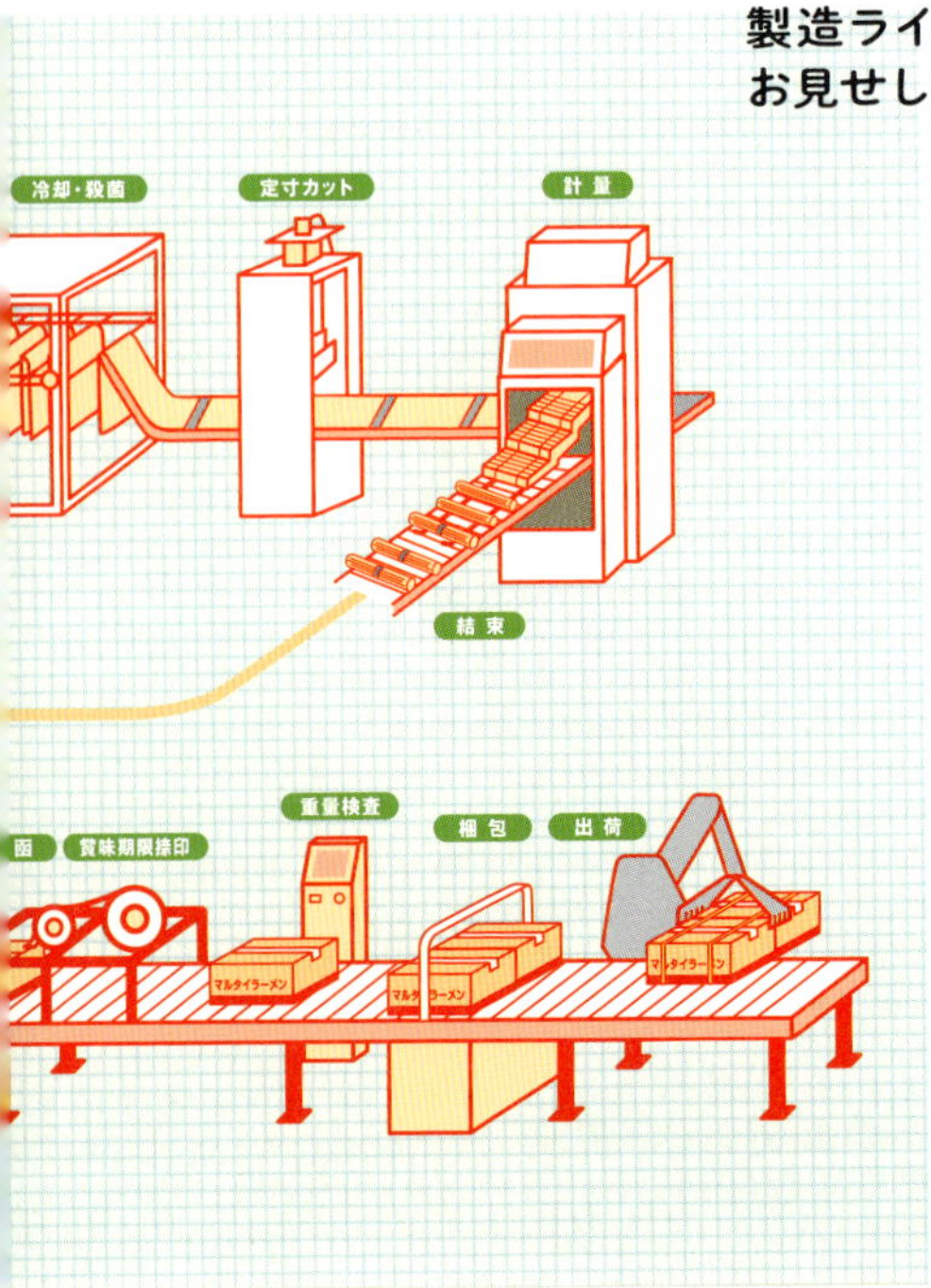

図は、佐賀県唐津市にあるマルタイの佐賀工場で生産されている、棒ラーメンのめん（棒状めん）の製造工程です。現在、棒ラーメンだけで30種類以上が製造されていますが、めんはすべて同じではありません。めん生地に練り込む材料や、めんの太さも商品によって異なります。

材料の「混捏」（ミキサー）から段ボールに箱詰めされて出荷される状態まで、これだけの工程があります。最も時間がかかるのは「乾燥・殺菌」の工程です。棒ラーメンのおいしさの秘訣のひとつは油で揚げないノンフライ・ノンスチーム製法であるため、ここだけで5時間ほどがかかります。

めんの乾燥・殺菌が済めば最後の工程までほんの数分で、あっというまに製品になりますが、すべてを機械まかせにできるわけではありません。要所要所で人の手が入ることで、めざす味・品質に仕上がります。

❶混捏（ミキサー）
小麦粉やかんすい、水などを混ぜ合わせ、こねる

❷生地の複合
こねた生地を薄くのばして固める工程

❸切り出し
固まったた生地をラーメンの太さカットする

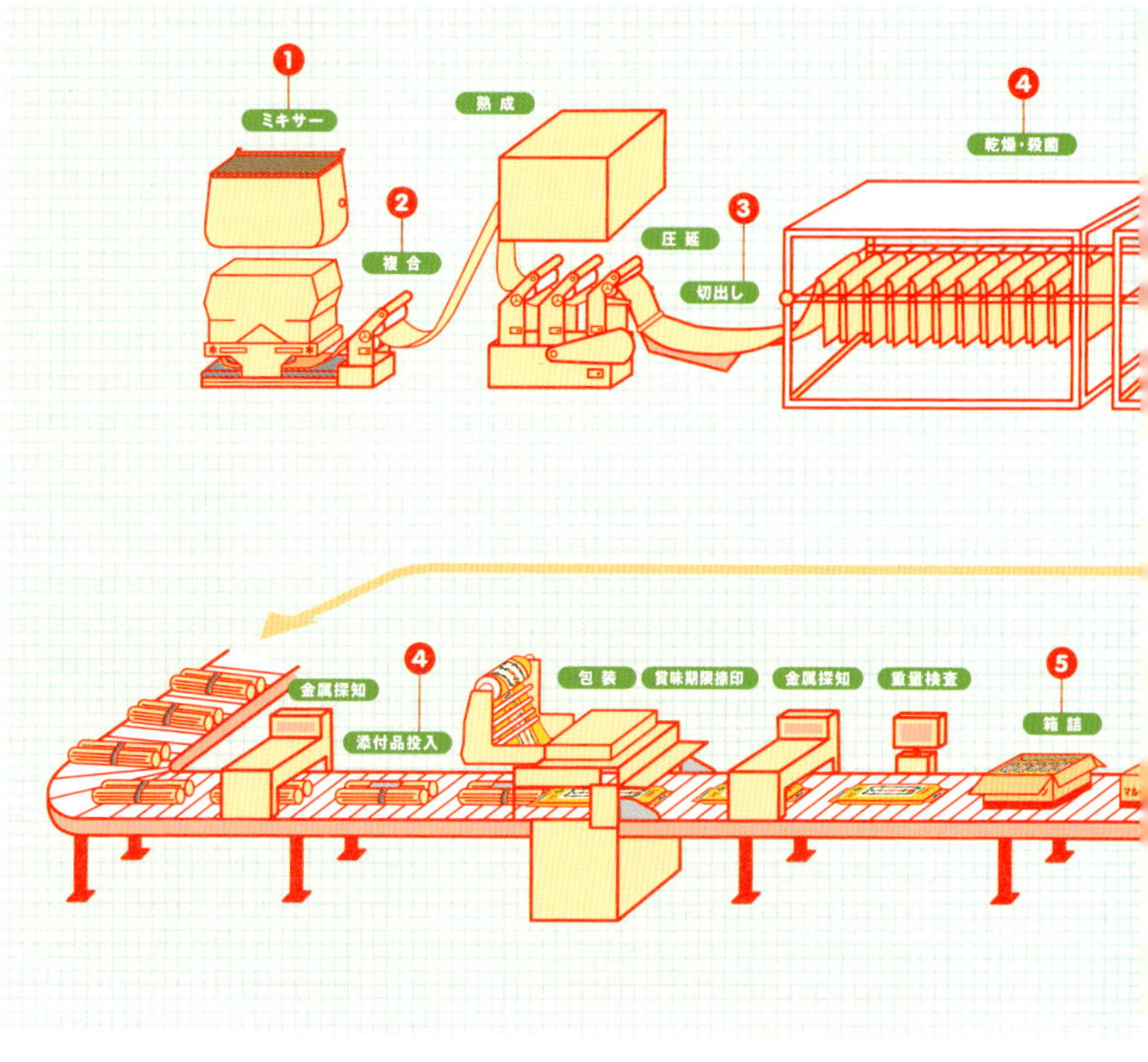

❺添付品投入
別の工場で製造された粉末スープや調味油を封入

❻箱詰め
完成品のパッケージを出荷に向けて箱に詰めていく

マルタイ棒ラーメン 商品カタログ

**棒ラーメンと一言でいっても
こんなに種類があるのです。
工夫を凝らした味を
食べ比べてみよう。**

**屋台とんこつ味
棒ラーメン**
スープはポークエキスをベースにチキンエキス、野菜エキス、しょうゆ、香辛料などをバランスよく配合。濃厚でコクのある博多屋台の豚骨味。
①170g(めん146g) ②167円 ③190×60×23㎜

**屋台とんこつ味
棒ラーメン5食入**
「屋台とんこつ味棒ラーメン」のお得な5食入りパック。
①425g(めん365g) ②400円 ③210×140×35㎜

**ごましょうゆ味
棒ラーメン**
スープはポーク・チキンエキスをベースにして、野菜粉末、香辛料、煎りごまの風味がマッチする。コクの深いごましょうゆ味。
①171g(めん146g) ②167円 ③190×60×23㎜

**醤油とんこつ
棒ラーメン**
スープはポークエキスをベースに、チキン・野菜・ほたて・昆布エキスを加え、しょうゆとにんにく、香辛料を絶妙にブレンドして仕上げた。コクと香りのしょうゆ豚骨味。
①170g(めん146g) ②167円 ③190×60×23㎜

**マルタイラーメン
5食入**
「マルタイラーメン」のお得な5食入りパック。
①410g(めん365g) ②400円 ③210×140×35㎜

マルタイラーメン
すべてはここから始まった、即席棒状めんのパイオニア。ノンフライ・ノンスチーム製法で、生めんに近い風味のストレートめん。ポークとチキンベースのあっさりしょうゆ味。60年間変わらないおいしさ。
①164g(めん146g) ②167円 ③190×58×21㎜

＊①内容量 ②メーカー希望小売価格(消費税別) ③商品サイズ
＊2019年9月10日時点でのラインナップです。一部の季節限定商品は掲載していません

山の棒ラーメン

しじみ450個分相当のオルニチン、アルギニン、11種類のビタミンを配合したしょうゆ味スープ。しじみ、煎りごま、ねぎのかやく入り。山で使いやすいよう、スープ、かやくを一包化し、めんは1束入り。

①94g（めん80.5g）②135円 ③220×65×17㎜

棒状長崎あごだし入り醤油拉麺

加熱して風味を出した長崎県産のあご煮干しと、さば節、いわし煮干しのだし汁に、しょうゆとポークエキスを加えた深みのあるスープに仕上げた。香り立ちのよさ、炊き出し感が特徴の液体スープを使用。味つけメンマ、ねぎのかやく付き。

①248g（めん150g）②480円 ③215×143×32㎜

辛子高菜風味棒ラーメン

豚骨にチキン、玉ねぎなどを加えて炊き出したスープに乾燥辛子高菜、煎りごま、ねぎを加えた。豚脂をベースに、ごま油と高菜香味油をブレンドした香ばしい調味油がつく。

①173g（めん146g）②167円 ③190×60×23㎜

稗田の博多豚骨拉麺

コシのある細めんに、液体・粉末のWスープで本格的な濃厚豚骨スープ。煎りごま、ねぎのかやくつき。

①270g（めん150g）②480円 ③215×143×32㎜

お鍋にラーメン2束入

ノンフライ・ノンスチーム製法で仕上げた、ゆでのびしにくいコシのあるめん。めんが鍋だしを吸って味が濃くなりすぎないように、従来の棒状めんの約半分に減塩。2束入りの使い切りパック。冬季限定品。

①120g（めん60g×2）②113円 ③190×67×17㎜

お鍋にラーメン5束入

「お鍋にラーメン2束入」のお得な5束入りパック。大家族・鍋パーティなどに便利。冬季限定品。

①300g（めん60g×5）②262円 ③210×120×24㎜

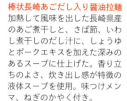

鹿児島黒豚とんこつラーメン

鹿児島県産黒豚の豚骨を使用したこだわりのスープで、野菜の香味と甘みが感じられる味に仕上げた。鹿児島ラーメンの特徴のひとつである「焦がしねぎ」入り。

①185g(めん146g) ②232円 ③210×105×27㎜

熊本黒マー油とんこつラーメン

ポークエキスににんにくの風味をきかせた濃厚なガーリック豚骨スープ。調味油は、熊本ラーメンの特徴であるにんにくをラードと植物油脂で黒くなるまで炒めてすり潰した特製黒マー油。

①186g(めん146g) ②232円 ③210×105×27mm

博多とんこつラーメン

ポークエキスに玉ねぎなどを加えて強火で炊き出し、白こしょう、すりごま、煎りごまを加えてしょうゆで味を調えた博多長浜風豚骨スープ。豚骨の炊き出し感とコクを出す調味油を別添。

①185g(めん146g) ②232円 ③210×105×27㎜

大分鶏がら醤油ラーメン

鶏肉を炊き込んだがらスープとしょうゆをベースに、かつおと昆布のうまみを加えた、あっさりして食べ飽きない鶏がらしょうゆ味。スープの風味を変える大分県産ゆず皮粉末つき。

①214g(めん146g) ②232円 ③210×105×27㎜

宮崎鶏塩ラーメン

宮崎県産の鶏のエキスをベースに、鶏油とポークオイルを加えてコクを出し、ごま油とかつおぶしで風味づけをした、深みのある鶏塩スープ。

①212g(めん146g) ②232円 ③210×105×27㎜

長崎あごだし入り醤油ラーメン

あご（トビウオ）粉末をベースに、ポーク、チキン、いわし、昆布、ほたて、かつおぶし、まぐろを加えて作った、海の幸たっぷりのあっさりしょうゆスープ。あごは長崎県産の炭火焼きあごを使用したこだわりの素材。

①178g(めん146g) ②232円 ③210×105×27㎜

佐賀牛塩ラーメン

牛骨をじっくりと炊き込み、香味野菜、玉ねぎエキスなどを加えて深みを出した牛塩スープ。牛脂とごま油をブレンドした調味油が、スープの風味を引き立てる。香ばしく甘みのある佐賀県産焼きのりを別添。

①185g(めん146g) ②232円 ③210×105×27㎜

北海道札幌味噌ラーメン

北海道ラーメン専用に新たに開発した黄色い太めのめん。2種類の赤みそをベースに、ポーク、チキンのうまみと、野菜、にんにくの風味をきかせた濃厚で香り高い北海道札幌風味噌ラーメン。北海道産濃縮こんぶだしを使用している。

①216g(めん146g) ②232円 ③210×105×27㎜

久留米 濃厚とんこつラーメン

久留米ラーメン独特の香りのある豚骨スープをベースに、玉ねぎ、しょうが、しょうゆなどを加え、豚のうまみと豚骨の風味を強調した甘みのある濃厚な豚骨スープ。数種類のポークシーズニングオイルをブレンドした調味油を別添する。

①194g(めん146g) ②232円 ③210×105×27㎜

四海樓監修 棒ちゃんぽん

長崎の有名店「四海樓」の監修商品。九州産小麦粉100%のちゃんぽん専用粉を使用した、つるつる・もちもちの太めん。「四海樓」風の、やや甘めの海鮮ちゃんぽんスープに仕上げた。

①118g(めん73g) ②250円 ③215×94×26㎜

北海道旭川醤油ラーメン

新たに開発した北海道専用の黄色い太めのめん。北海道醸造しょうゆをベースに、ポーク、チキンの肉のうまみと、あさり、かつおの魚介風味を合わせた、北海道旭川風の深みのあるしょうゆラーメン。

①212g(めん146g) ②232円 ③210×105×27㎜

一幸舎監修棒ラーメン

福岡の有名店「博多一幸舎」監修のラーメン。豚骨本来のうまみと甘みを凝縮した「博多一幸舎」風の豚骨スープに仕上げた。ねぎ、きくらげのかやくつき。

①115g(めん73g) ②250円 ③215×94×26㎜

清陽軒監修棒ラーメン

福岡県久留米市の有名店「清陽軒」の監修商品。あっさりしつつも濃厚感のある「清陽軒」風の豚骨スープに仕上げて、炊き出し感のある液体スープを使用。

①108g(めん73g) ②250円 ③215×94×26㎜

元祖長浜屋協力・棒ラーメン

めんは90秒調理で「元祖長浜屋」のカタめん仕様。液体スープを使用した豚骨スープ。かやくは「元祖長浜屋」の具に合わせて味つけ豚肉、煎りごま、ねぎを使用し、紅しょうがを別添。

①118g(めん73g) ②250円 ③215×94×26㎜

マルタイ 棒ラーメン 誕生秘話

棒ラーメンのパイオニア「即席マルタイラーメン」は、どのようにして生まれたのか。㈱マルタイの社史をひもときます。

玉うどんから中華めんへ

㈱マルタイの創業者である藤田泰一郎は、1899（明治32）年9月22日、11人兄弟の末っ子として福岡県糟屋郡粕屋町に生まれました。29歳のときに朝鮮半島へ渡り、農業、鍼灸治療院、保険外交員など、いくつもの仕事を経験。1936（昭和11）年には妻子とともに帰国し、のちのマルタイラーメン発祥の地となる福岡高砂町36番地（現福岡市中央区高砂）に居を構えました。

46年、戦後の食糧難の時代に泰一郎は製粉・製麺を思い立ちます。本格的な製粉機を購入し、「玉うどん」の製造を始めました。玉うどんは好評で飛ぶように売れました。かけそばが1杯

初期のパッケージ。龍の絵、泰マーク、「煮込み3分味一流」の言葉は今も変わらず

マルタイのあゆみ

1947（昭和22）年
・福岡市中央区高砂町で泰明堂の商号で製めん業開始。「玉うどん」を発売

1959（昭和34）年
・中華めんの即席化に成功。「即席マルタイラーメン」として製造販売を開始（即席棒状ラーメンの元祖）

創業当時の泰一郎社長。直感を信じ、行動力に長けた人物だった

15円の時代に、月に10万円以上の売り上げがあったといいます。藤田家は家族総出で玉うどんの製造にかかりました。

玉うどんはよく売れたものの、生めんのため日もちが悪く、日々生産に追われて休む間もありません。冷蔵庫はまだ普及しておらず、もう少し日もちのする商品をと目をつけたのが中華めんでした。

泰一郎の長男・明の妻、スエノは中華料理の本場・長崎県の出身で、実家の知り合いにちゃんぽんや皿うどんを作っている製麺所があり、中華めんの製法を教わりました。生めんを吊るして縦型のセイロで蒸し、乾燥して切断する。52〜53年ごろ、中華めん（焼きそば）の試作が始まり、やがて製品化、販売を始めました。焼きそばの包装には泰一郎の頭文字をとって㊉泰のマークをつけました。「マルタイ」の呼び名はまだありませんでしたが、現在のマークの原型となりました。

小売店の店頭で中華めんからラーメンや焼きそばを作る実演販売を行ない、客に試食もしてもらいました。53年にできたばかりの百貨店・博多大丸の食料品売り場でも始めました。福岡では中華めんの認知度が低かったため、一人でも多くの人に中華めんの存在と味を知ってもらうべく、明は北部九州一帯をオート三輪で駆け回り、小売店で

1960（昭和35）年
・法人組織に改組、㈱泰明堂を設立。福岡営業所開設
・周船寺工場（福岡工場）竣工。操業開始日の9月22日を設立記念日とする
・ラジオCM「煮込み3分味一流、食べなきゃ損だよマルタイラーメン！」開始

1961（昭和36）年
・東京営業所開設
・第1回全国インスタントラーメンコンクールで金賞を受賞
・「マルタイラーメン」が厚生大臣許可の特殊栄養食品（Ｎｏ．３７８２）となる

1962（昭和37）年
・大阪営業所開設

1963（昭和38）年
・㈱泰明堂の販売部門を分離して㈱マルタイを設立

片っ端から実演販売をさせてもらい、評判を上げました。

　こうして藤田家は、戦後の製粉・製麺業から中華めんの製造へと家業を発展させていきました。

「即席マルタイラーメン」誕生

　1958年8月、日清食品が初のインスタントラーメン「チキンラーメン」を発売し、話題になりました。

　同じころ、泰一郎・明親子も即席めんの研究に着手していました。「食堂で食べるラーメンの味を手軽に家庭に持ち込みたい。実現すれば全国の家庭がすばらしい食堂になる。小売店がわが社の製品を〝出前〟してくれるのだ」と泰一郎は語っていました。

　チキンラーメンは油で揚げた縮れめん。しかし泰一郎と明は、玉うどんや中華めんの経験から、油で揚げないほうが味がいいのではないかと感じたそうです。どうすれば生めんのおいしさをそのままに、即席めんとして食卓へ届けられるか。明を中心に、生地をこねるところから手作業で試作と試食を繰り返しました。

　57年10月ごろに着手した即席めんの研究は、足かけ3年にわたって続けられました。そして59年9月、ついに棒ラーメンが完成。小麦粉に配合する塩分を控えてつなぎをよくし、スープは別添え。完全ノンフライ・ノンスチームで自然乾燥させためんは、縮れのないまっすぐな棒状のめんでした。

　従来の中華めんは、調理の際にめんをゆでるためとスープを作るために2つの鍋が必要でしたが、棒ラーメンは鍋ひとつでいい。早く煮えるよう、めんの太さも調節しました。試食した全員が「これはうまい」と声をあげまし

1964（昭和39）年
・油揚げタイプの即席袋めん「ワンタンメン」の製造販売を開始

1965（昭和40）年
・㈱佐賀泰明堂設立

1966（昭和41）年
・新工場（現・佐賀工場）竣工

1967（昭和42）年
・焼きそば「八宝そば」発売（あんかけタイプの焼きそば第1号）

1969（昭和44）年
・テレビ広告コンクール第1部で1位獲得、福岡広告協会賞受賞
・袋めん「屋台ラーメン」発売（九州とんこつ味スープの即席化第1号）

1975（昭和50）年
・㈱泰明堂が㈱佐賀泰明堂を吸収合

た。

同年11月、棒ラーメンは「即席マルタイラーメン」として発売されることになりました。1袋35円。チキンラーメンを意識して同額に設定しましたが、マルタイラーメンは1袋2食入りなので、実質、半額でした。

製造はすべて手作業で、藤田家の自宅の土間や居間が工場となりました。

「商品はできたけれど、パッケージなどというしゃれたものはない。ありあわせのビニール袋に入れて、上からマジックインキで商品名を書いた。最初に持って行ったのは、千代町（福岡市博多区）の市場にある食料品店で、こんなものを作ったから置いてくれないかと言って置いてきた。2、3日して行ってみると、売れている。そのうちに店のほうから『売れたから、あとをどんどん持ってこい』という注文が来るようになった。ちっとも見映えがよくないのに売れるのは、味がわかってもらえたのだと、うれしくて仕方がなかった」（泰一郎談。71年3月8日『夕刊フクニチ』）

当時の営業担当は明で、中華めんを売ったときと同様、店頭で実演販売を行ないました。商品はすぐに回転し始め、そうなると、いちいちビニール袋に手で書いていられない。マルタイラ

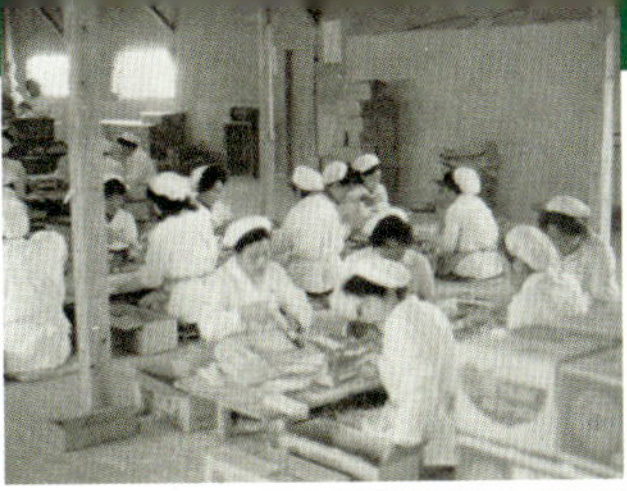

上／初期の工場。作業は人海戦術だった
下／棒ラーメンが描かれた大阪の営業車両

併
・カップめん「マルタイヌードル」発売（カップめんの第1号）

1976（昭和51）年
・㈱マルタイが㈱泰明堂を吸収合併。商号をマルタイ泰明堂㈱に変更
・即席カップめん「長崎ちゃんぽん」発売

1979（昭和54）年
・油揚げ焼きそば「長崎皿うどん」発売

1984（昭和59）年
・マルタイラーメン発売25周年記念謝恩プレミアムセール

1990（平成2）年
・商号を㈱マルタイに変更。CIマーク制定

MARUTAI 株式会社マルタイ

福岡市高砂町（現・西区高砂）にあった旧本社ビル

ーメンのパッケージは焼きそば（中華めん）の時代から包装資材で取引のあった丸東産業に依頼しました。

丸東産業の担当者だった目野邦彦によれば、パッケージを専門のデザイナーに依頼するような時代ではなかったので、明に「中華めんだから龍の絵を入れてはどうか」と提案したところ、それでいくことになったといいます。

味のマルタイ

マルタイラーメンが売れたのは無論、味が優れていたからです。味づくりの中心を担った明は、即席めんの研究を始める少し前、しばらく家業を離れ、

福岡市中央区の唐人町（当時は新大工町）商店街で食堂を営んでいたことがあります。ぜんざいや豚まん、コーヒーなどを出す庶民的な食堂でした。

毎日ブラックコーヒーを飲みにくる27～28歳の男性客がいて、あるとき夫人のスエノが話しかけると、客は「甘党だけを相手にしていては店は成り立たない。ちゃんぽんやラーメンを出してはどうか。作り方は自分が教える」と、その日から自分で厨房に立ち、2～3日かけてスープの取り方、焼き豚の作り方などをていねいに教えてくれたそうです。しかも最後に客は、「記念に一本あげよう」と、プロ仕様の立派な中華包丁を明夫妻にプレゼントしてくれたのでした。

明は、泰一郎から即席めんの味を考えるようにと言われたとき、この客から得た知識をもとに、だしを取ったり、

1995（平成7）年
・株式を福岡証券取引所に上場

1999（平成11）年
・棒状ラーメン発売40周年キャンペーン実施

2000（平成12）年
・20世紀食品産業発展賞受賞（日本食糧新聞社）

2002（平成14）年
・ホームページ開設

2012（平成24）年
・本社を福岡市西区今宿青木に移転

2013（平成25）年
・福岡工場を福岡市西区今宿青木に移転

2020（令和2）年
・会社設立60周年

にんにくをすり下ろしたり、しょうがを加えたりして、味を思い出しながらスープのもとを作りあげていったのです。

その客は再び店を訪れることはありませんでしたが、プレゼントされた包丁は今も藤田家の家宝として、大切に保存されているそうです。

＊

マルタイラーメンは発売から急激に売り上げを伸ばしていきました。5カ月後の60年4月には、福岡市高砂町36番地に工場を増築し、2階にめんを乾燥させるための熱風乾燥機を設置。即席めん業界自体はまだ黎明期で、製造工程の大部分は手作業でした。狭い工場で全員が寝る間を惜しんで棒ラーメンを作り、次から次へと市場へ送り出しました。

そして、同年6月1日、「株式会社泰明堂」を設立。社名は、泰一郎の「泰」と長男「明」の文字を組み合わせたもので、現在の「株式会社マルタイ」へとつながってゆくのです。

煮込み3分、味一流

マルタイラーメン発売後の1960（昭和35）年、北部九州地区でラジオのスポット・コマーシャルとして流されたのが、「煮込み3分、味一流！食べなきゃ損だよマルタイラーメン！」のフレーズ。多くの人が口ずさみ、九州出身の年配の方のなかには覚えている人もいるのでは。

それから60年間、数々のマルタイ商品の広告宣伝が行なわれてきました。近年のテレビCMはマルタイのホームページで観ることができます。ぜひご覧ください。

http://www.marutai.co.jp/more/tvcm

2019年で発売から60年の、マルタイラーメン誕生60周年記念CM。「棒エバー！」

2018年、波田陽区さん出演の「味のマルタイで旬を採り戻せ！」キャンペーンCM

「愛の皿うどん劇場」というマルタイの人気商品「長崎皿うどん」の連作CM

棒ラーメンをはじめとするマルタイの各種商品は、お近くの食料品店、スーパーなどのほか、以下のウェブサイトからもお買い求めになれます。
マルタイラーメン Yahoo!ショッピング店
https：//store.shopping.yahoo.co.jp/marutairamen
マルタイラーメン 楽天市場店
https：//www.rakuten.co.jp/marutairamen

マルタイ公認
愛しの棒ラーメン
九州発の本格即席めん
オリジナルレシピ60

2019年10月20日　初版第1刷発行

編者　山と溪谷社
発行人　川崎深雪
発行所　株式会社山と溪谷社
〒101-0051
東京都千代田区神田神保町1丁目105番地
https://www.yamakei.co.jp/

■乱丁・落丁のお問合せ先
山と溪谷社自動応答サービス
TEL03-6837-5018
受付時間／10：00-12：00、13：00-17：30
（土日、祝日を除く）
■内容に関するお問合せ先
山と溪谷社
TEL03-6744-1900（代表）
■書店・取次様からのお問合せ先
山と溪谷社受注センター
TEL03-6744-1919
FAX03-6744-1927

印刷・製本　株式会社暁印刷

企画協力　株式会社マルタイ
http：//www.marutai.co.jp
営業本部マーケティング部
飯田健三・長尾健太郎・播磨佑子
田中伸弥・中村海月
撮影　小山幸彦（STUH）
撮影協力　食品写真スタジオ・ママスタ
http：//www.mama-st.com
テーブルスタジオ・タキトー
http：//www.table-studio.jp
レシピ作成・執筆　大久保朱夏
（食のクリエイター／ライター）
レシピ作成　鎌手早苗
（フードコーディネーター）
イラストレーション　野村彩子
アートディレクション・装丁・本文デザイン
朝倉久美子
校正　末吉桂子
編集　吉野徳生（山と溪谷社）

Printed in Japan
ISBN978-4-635-45037-9